# 有理想在的地方，地狱也成天堂

## ——跟柏拉图学人生智慧

方草心／著

北京工业大学出版社

**图书在版编目(CIP)数据**

有理想在的地方，地狱也成天堂：跟柏拉图学人生智慧 / 方草心著. —北京：北京工业大学出版社，2015.10

ISBN 978-7-5639-4484-2

Ⅰ. ①有…　Ⅱ. ①方…　Ⅲ. ①柏拉图(前 427~前 347)—哲学思想—通俗读物　Ⅳ. ①B502.232-49

中国版本图书馆 CIP 数据核字（2015）第 234918 号

**有理想在的地方，地狱也成天堂——跟柏拉图学人生智慧**

**著　　者**：方草心
**责任编辑**：翟雅薇
**封面设计**：尚世视觉
**出版发行**：北京工业大学出版社
（北京市朝阳区平乐园 100 号　邮编：100124）
010-67391722（传真）　bgdcbs@sina.com
**出 版 人**：郝　勇
**经销单位**：全国各地新华书店
**承印单位**：九洲财鑫印刷有限公司
**开　　本**：787毫米×1092毫米　1/32
**印　　张**：8.5
**字　　数**：136 千字
**版　　次**：2015 年 11 月第 1 版
**印　　次**：2015 年 11 月第 1 次印刷
**标准书号**：ISBN 978-7-5639-4484-2
**定　　价**：28.00 元

# 序　言

人类历史中，总有那么一些或平凡或伟大的人，终其一生去寻求真理。对于寻求真理的人来说，某一思想的来源是无足轻重的，要紧的是真正地了知和彻见真理。而说到古希腊寻求真理的哲学家，我们就无法忽略有连贯关系的三个人：苏格拉底、柏拉图和亚里士多德，他们三个人开创了今天的西方哲学思想体系。而在这三位哲人之中，以柏拉图著作最多，他为后人留下的宝贵的精神财富，流传两千多年都不曾枯竭。

正如英国哲学家、数学家怀特海曾经说过的一句话：欧洲哲学传统的最稳定的一般特征，是由对柏拉图的一系列诠释组成的。

柏拉图出身于雅典贵族，早年受过良好的贵族教育，在大约二十岁时，开始师从苏格拉底，也由此开始了他寻求真理的一生，并且“只要一息尚存而力所能及，就不会放弃爱智之学”。无论艰难险阻他都没有停止脚步，也因此，柏拉图在哲学、政治、经济、教育等领域成就辉煌。

柏拉图是客观唯心主义的创始人，他继承和发展了苏格拉底的概念论和巴门尼德的存在论,建立了以理念论为核心的哲学体系。理念论是柏拉图哲学的本体论,也是柏拉图哲学的基石。他的“回忆说”认为“认识”就是回忆,坚持了唯心主义先验论。柏拉图坚持“思想永远是宇宙的统治者”，认为人的灵魂与心灵的美好胜过一切。一个人的痛苦、忧伤、疾病、灾难都是生理带给灵魂的负担，这些负面的东西是可以被消化的，并不能作为一个人快乐与寻找真理的阻碍，只要心存希望，相信灵魂，人们就会在痛苦的处境中依然保持乐观。

任何一个伟大的哲人都曾经历过常人无法承担的苦难与压迫，可因为信念存在，他们并不觉得这是苦难，依然坚信着希望，积极乐观地追寻真理。苏格拉底在饮下那杯毒药前，用最好的心态安抚身边的朋友，做出千古不灭的关于死亡的哲学理论。

公元前 399 年，苏格拉底受审并被判死刑，柏拉图逃往梅加腊避难，后来到西西里岛、南意大利、埃及等地游历，再次回到希腊后，柏拉图开始创办学院，那就是著名的阿卡德米学院，西方大学的前身。虽然学院几经关闭，但柏拉图一直坚持实施自己的理念，并且在此期间写了大量的哲学著作。

柏拉图曾说过“意志不纯正，学识足以为害”，思想对于伟大的哲学家而言，就是要影响世人行为准则的东西，不容马虎，是要“越辩越明”的。他认为哲学家们都拥有乐观豁达的精神，并且要影响世人，指引人们在苦难的生活里寻找属于自己的快乐。

而理想，就是我们心存希望最直接的表现，是人们一生辛苦追求，也是令一生都快乐充实的事情。

没有人的成长之路是一帆风顺的，每个人在成长的过程中不断地接受着各种生活的磨难和各种观念的洗礼，也因此才变得摇摆不定，甚至背离内心。就如柏拉图对话录里所呈现出来的哲学家之间的辩论，他们所争辩的也正是我们内心一直所纠结的正反双方。有对，有错；有美好，有丑恶；有表象，也有本质。

我们就是在这种纠结、挣扎与摸索中，慢慢地成长起来。但我们却依然坚信只要心存希望，再多的痛苦都会变成快乐。尽管这世界有点灰秃秃、硬邦邦又不那么美好，但只要太阳能够照常升起，我们就可以继续点燃心中的梦想，黑夜的存在只是为了等待黎明的到来，而办法，永远比困难多一个。

柏拉图心中的理想国是人类最早的乌托邦，那里的人们智慧、正义、美好又善良，是真善美统一的城邦。其实就连孩童都知道，这样的“理想国”是不存在的，那是唯心主义的柏拉图一个不太实际的、还有些特权性质的想象而已。可是，在我们每个人的心里却都有过自己的乌托邦：有的人追寻“行万里路”的洒脱，用脚丈量世界每寸土地，寻求自由的可贵；有的人梦想住在一座远离尘嚣的房子里，面朝大海春暖花开；有的人辞去高薪的职务，一生钻研书海做学问，只为踏着先贤的步伐继续寻求真理；还有的人幻想着能与心爱的人牵手漫步，夕阳落叶，世界只剩下他们两个人……

如王小波说的，人除了一个现实的世界，还可以虚幻一个诗意的世界。

我们不是提倡空想，不是要让自己的人生变得不切实际，而是要将自己的理想当成一个信仰般地虔诚对待，爱它，它自然就会成为给我们以希望和快乐的源泉。

现代社会中人们幸福感缺失，好多人都找不到生活的重心，苟且偷生地活着，再也想不起曾经许过的愿和立过的誓言。我们或许不能像柏拉图那样即使遭遇到现实的打击和困境都能坚定心中的信念，却也可以从他的哲学思想中抽丝剥茧，找到属于我们的精神力量，让一切躁动的灵魂得到沉寂的力量。

柏拉图至今仍拥有诸多的信徒，不管是学术派还是和作者一样是哲学门外汉的小读者，我们每个人都可以学习到柏拉图带给我们的智慧，并且受之影响。

对这些千古流传的人类精神宝藏，本人没有能力做更好的解读，纵然反复读了几遍都不敢发表任何评论性的小文章，所以此书并不参与学术的研究，因为这超出了本人的能力范围。但是对哲学所蕴藏的深意，作为一个普通的读者，还是能感觉到，这比平日里蜻蜓点水的阅读习惯所读出来的东西要多得多。

诚然，柏拉图的哲学思想带给人的，千人读来就有千人的体会，纵使不做学术研究，你也会由他的智慧之光带给自己很多的答案，甚至被一语道破天机。我们也都不是空想家，我们只是在前进的道路上会时不时地迷茫和困顿不前，需要有正确的心灵指引，只要睁开眼睛看到阳光还在，就有我们想要的未来。

就像柏拉图一直坚信的，有理想在的地方，地狱也成天堂。

感谢和作者本人一样喜欢柏拉图思想的朋友们提供的论文、观点和心得随笔，感谢朋友们分享的小故事。

# 目　录

## 第一章　求知：知识带你走出痛苦的泥潭

## 第二章　心境：别让负面恶劣心境占据你太多的快乐



## 第三章　信仰：心存希望是人一生重要的精神力量

## 第五章 修炼：让梦想一点点照进现实

# 第一章

# 求知：知识带你走出痛苦的泥潭

知识并不是虚无缥缈的东西，它实实在在地存在于每个人的大脑里并发挥着巨大的能量。人们只有在将知识从理论转化为实践的时候才能体会到它的可爱之处。书到用时方恨少，也正是因为要学以致用，人们才会发现自己掌握的知识是远远不够的。

求知是循序渐进的，急于求成或期望值过高，都不利于求知。求知的路上会有许多阻碍，是人们需要攀越的高峰，有的人遇到困难便会自怨自艾，止步不前，殊不知不进则退会加剧人的自卑感与痛苦。其实人和知识的关系，并没有因为时间和空间而改变，知识永远都需要一个积累的过程，需要不断地吸取、理解、融会贯通并学以致用，没有捷径。

在竞争激烈的现代化社会中，用知识武装头脑才是最有效的途径，当你不再自卑、空虚，并且信心满满，你就会得到意料之外的快乐。

## 不知自己的无知，是双倍的无知

这是柏拉图最经典的名言，与老子所说的“人贵有自知之明”有异曲同工之妙。人是很不容易自我承认的，能自知的人往往具有真的智慧。柏拉图对知识与智慧极为看重，他将属于灵魂的智慧归结到了善与正义的概念上，一个哲学家必须拥有智慧、理性、正义和善。柏拉图认为好人之所以好是因为他有智慧，而坏人之所以坏正是因为他的愚蠢。

在柏拉图看来，“未出生都比未受教育好，因为愚昧是灾患的根源”，人没有知识是可怕的，是会做错事的。纵观身边的林林总总，我们知道，愚昧不仅是灾患的根源，更是内心痛苦的根源。

知识是广义的，不仅仅是课堂上学到的书本知识，也不仅仅是我们赖以生存的工作技能，还有对生活中各个领域的基本常识的了解。无知是可怕的，试想如果一个人因为不懂一些基本的化学原理而引起火灾，或者因为不懂他人忌讳而有所冲撞，甚至因为不懂法律而以身试法，这付出的代价都是生命不能承受之重。

而比无知更可怕的，是很多人往往无视自己的无知。在《菲丽布》里，柏拉图曾写道，“无知或所谓的愚蠢是一种恶，是一种恶习，就是不知晓自己。”无知的人总是自以为是，但在“被人笑话时都没有能力为自己雪洗屈辱，可以称为可笑”。他们从不敢正确地面对自己的缺失，总是生活在自我满足和自我麻醉的人生谜团里，看不清事情的本质，感受不到无知带来的负面影响。

无知与自我膨胀是一对形影不离的好兄弟，它们总是影响着一个人前进的步伐，麻痹着一个人的听觉和视觉，让他们听不进忠言，看不到真知，因此使人故步自封，极度容易满足，最终陷入痛苦还不能自拔。

拯救这种痛苦的，唯有真才实学。

韩剧《来自星星的你》里面，全智贤扮演的千颂伊是一位当红的明星，美丽率真，但她却经常因缺乏常识而遭人诟病。最糟糕的是她还很喜欢不懂装懂，先是将文益渐种植棉花当成了种植咖啡，后又在大学里交论文时明显地抄袭，被都教授当场指出来，并被在场的记者们报道出去。类似的事情发生很多，让她在国民的心目中既是大明星，也是个笑柄。因为她的影响力太大，所以每次做出这些不懂装懂的事总是闹得全国皆知，为此经纪人经常为她收拾残局，苦不堪言。

人有缺点才可爱，所以可当女神也可当女神经的千颂伊才能被万千的观众所喜欢。可生活不是偶像剧，我们不可能遇到一个有超能力的外星人救我们出困境，有的时候可以容忍无知，而更多的时候我们是无知不起的。正如柏拉图在《理想国》里所写的：艺术家也好，手艺人也好，都是不能有错的，不够知识才犯错误。错误到什么程度，他和自己的称号便不相称到什么程度。

知识，绝对是让人重拾信心，重建快乐的必备营养品。而人在求知的过程中需要一种坚持不懈的精神，太早与太晚的放弃都是放弃，都只会让所有努力都功亏一篑。

柏拉图的老师苏格拉底在有一次上课时，要求大家做一个简单的动作，把手往前摆动 300 下，然后再往后摆动 300 下，看看谁能每天坚持。过了几天上课时，苏格拉底请坚持下来的同学举手，结果，90%以上的人举起了手。过了一个月，他又要求坚持下来的同学举手，只有70%多的人举手。过了一年，他又同样要求，结果只有一个人举手。这个人就是柏拉图。此时的柏拉图很年轻，在学识上仍显稚嫩，但已表现出一个杰出人物所应具有的执着的精神。

柏拉图在成为大哲学家之前和我们一样，大部分时间仍然是平淡无奇的，但不同的是那些看起来平淡、枯燥的重复学习，柏拉图都能认真对待、执着努力，甚至较真。这只是一个关于坚持求知的故事，甩手固然甩不出一个哲学家，我们想说的，只是大家都可以像柏拉图那样坚持不懈，而不是对任何学习都浅尝辄止。

知识切忌一知半解，渐行渐悟，渐悟渐懂，渐懂才能渐行。若只有一知半解之悟，定要谦虚行事，否则轻则闹笑话，重则出事故。

小芸在读初中和高中时，英语成绩一直是让她引以为傲的，那时大家都认为试卷上的分数足以代表着一个人真实的英文能力，完全没有意识到英文真正的意义在于听说写，而不是考试。直到上大学小芸依旧以英语成绩好而自居，为此还在朋友圈中捡得一个英文流利的好名声。而声名是她自己有意传出去的，英文水平到底是几斤几两，她自己心里很清楚。表现之一，就是从不敢在外国人面前开口。

八年前来到了上海，满大街的英文、日文、韩文让她眼花缭乱。衣食住行各方面，只要你想，就一定有锻炼英文的环境，她也曾信誓旦旦，铆足了劲要一头扎进早已虎视眈眈的几家欧美公司。

结果，大家一定想到了，她的英语成了拦路虎，纵然是经验丰富、五官端正、气质佳也不管用，在以英语为绝对第二语言工作的环境里，口语不好如何与身边的同事交流工作，又如何提高工作效率呢？

外企面试的失败，是小芸遇到的第一次打击。

小芸喜欢写作，并且出版了几本小说。而一知半解对她影响最深的那件事，发生在她第一本小说出版时。小说里有一个女主人公去面试的场景，因为面试中面对的是一个说英文的主管，小芸当时便开始纠结这场对话该用中文还是该用英文。最后决定只用一部分英文。

结果，等书上市后，有读者在网上留言说："小说很好，也很难得。只是，作者如果英文不灵光就不要卖弄了，能看明白，却很不地道，很容易贻笑大方啊。”

因为这一个留言引发了很多网友的连锁攻击，小芸说，那时候她羞愧得都不敢再上网看那些言辞犀利的评论。仅仅是因为三四句英文，却让她恨不得此书能再版，然后快速删除这几句话。

这件事对小芸打击很大，她为此痛苦了好一阵子。痛定思痛，小芸重新找回早已落满灰的英语学习资料，又在网上下载了美剧，天天跟着电视反复练习。一年后，小芸终于进入了梦寐以求的知名广告公司，成了一名高级助理。她终于重新找回了自信。

闲时小芸依旧坚持写小说，只是她说她再也不会不懂装懂，在没有把握的情况下一定不会去卖弄。小芸说，无知还要装有学问，很容易被人戳穿，而如果人们总是处于始料不及的打击之中，就会变得非常痛苦。但这并不可怕，只要意识到问题的所在，努力去弥补过失，希望还会有。

《理想国》中，柏拉图和格劳孔谈学习，他说有的人“暴露出自己的缺乏知识时却并不着急，若无其事地对待自己的无知，像一只猪在泥水中打滚一样”。柏拉图的著作大多是苏格拉底与其他哲学家们的对话，或许说辩论更为妥当。读时觉得这些哲学家们像在说绕口令，一个细枝末节的问题可以翻来覆去争辩个几大章，针锋相对一点也不马虎。可他们辩论的最终目的并不都是想把自己的红旗插到对方的阵地上去，逞一时口舌之快，那是一个在混沌中求知的过程。

还没有到达知识的彼岸，怎么可以中途收场呢?

有一位企业家说过，人只要没有死，学什么都不晚。正是这种活到老学到老的信念让这位企业家在45岁时还学习了一门新的外语。有知识就有希望，即使身处一次两次的挫败中，总是找不到方向的迷茫中，知识也总能带领你找到出口。

## 尊重人不应该胜于尊重真理

这是柏拉图在寻求真理的过程中说出的影响深远的一句话。不论是柏拉图还是他的学生亚里士多德都坚信，真理永远是第一位，后世的哲学家、政治伟人等都对这句格言进行了一系列的诠释。爱因斯坦曾说：凡在小事上对真理持轻率态度的人，在大事上也是不可信任的；而列宁也鼓励人们“必须有勇气正视无情的真理”。

苏格拉底一生都在求真知，他自谦地说自己无知，所以才求知。苏格拉底最忠实的思想追随者柏拉图说：“所有动物中，人是最非凡最高明的。思想永远是宇宙的统治者。”上天赋予了人们思索的权力，人们用来寻求真理。亚里士多德对柏拉图颇为尊重，可他却并不迷信权威，他说：“我爱我的老师，但我更爱真理。”

在阿卡德米学院里，亚里士多德经常与柏拉图争论，以至于柏拉图笑说他是“一头吃了奶就会踢母亲的小马驹”，以赞扬他对真理的坚持。比如柏拉图认为“在具体事物之外存在理念，它是世界的本原”，而亚里士多德认为“思想来源于具体事物，物质世界和精神世界不可分割，每一个物体都由形式和物质组成”；柏拉图认为“研究物质世界只能获得不确定的‘意见’而不能获得知识”，而亚里士多德却认为，“物质世界是值得研究的，认识中有错误，也会有真理，科学的任务就是鉴别什么是真的知识”。

也因此，就有了那个著名的师徒二人的小故事。

柏拉图讲述自己对人的理解时，有个定论："人是没有羽毛的两脚直立的动物。"

于是，亚里士多德便想出了办法来推翻老师的理论。他将一只公鸡的毛全部拔光立于众人面前,和他的老师开了一个玩笑："这就是老师的'人'!"

亚里士多德敢于追求真理，后来者也同样敢挑战他。一千多年后，伽利略做了一个举世闻名的比萨斜塔落体试验，挑战亚里士多德的落体理论便说明了这一点。我们在这里想要讨论的并不是谁的理论更正确，而是想通过这些事例告诉大家，尊重人不应该胜于尊重真理，面对自己质疑的东西，要勇敢地怀疑它。

记得小时候看郑渊洁的《童话大王》，每期里面都有"郑渊洁和皮皮鲁的对话录"，就类似于柏拉图对话录的这种形式。郑渊洁的对话录里最多的是讨论关于教育的问题，有一句话大致是这样说的：如果老师能告诉学生，学习最主要的目的就是先学习书本上的知识，然后再去怀疑它，再想办法推翻那些结论，那我们身边会出现很多伟大的人物，教育就有救了。

年轻的钱学森勤奋好学，严格要求自己，对待学术丝毫不马虎，而且敢于坚持真理。

在一次学术讨论会上，他刚刚发表了自己的意见，就有一位长者提出反对意见，钱学森据理力争，两个人争得面红耳赤，各不相让。一位美国的记者正好把这个场景看在眼里，后来在报道里说：来自中国的一个年轻后辈竟敢与权威人士争论，而他的意见居然是正确的。

当时，钱学森的导师冯·卡门在下面只是偷偷地笑，等讨论会完了他才告诉钱学森：“你知道刚才是谁在和你争论吗？那是大权威冯·米赛斯。但你的意见是对的，我支持你。”

又有一次，他和导师争论问题，搞得冯·卡门很生气。之后，这位世界权威经过思考，认识到他的学生其实是对的。第二天早上，冯·卡门敲开钱学森的门，诚恳地给他行了个礼，然后说：“钱，昨天的争论你是对的，我错了。”

冯·卡门教授的博大胸怀使钱学森十分感动，令他终生不忘。而这些真实的故事也说明了钱学森严谨治学和敢于挑战权威的精神。

在我们传统教育里，权威是不可挑战的，我们每个人都有学习的机会，但最好不要怀疑，尤其不要怀疑师长。于是，很多有天分的孩子在无数既定的条条框框里渐渐失去了思考的能力，都变成了由神童转向庸人的仲永。同时，人们又很容易对自己喜欢或尊敬的人唯首是瞻，只要喜欢就会盲目崇拜，因而不能客观地对待偶像，因为不论偶像做什么都不容置疑。

于是，我们只能离真理越来越远。

柏拉图在著作里总是以“苏格拉底式的反讽”方法进行辩论，通过一问一答的形式进行哲学家的辩论游戏。辩论的意义并不在于要争输赢，而是在层层推进、不断找出矛盾点并推翻它的方式下，让真理不断浮出水面。这是柏拉图从苏格拉底那里继承来的辩论习惯，后者亚里士多德也将其发扬光大。

在辩论的过程中，参与辩论者，甚至旁观者都可以发表意见，可以提出质疑，也可以用足够的论据来推翻苏格拉底或柏拉图的理论，虽然苏格拉底总是占尽上风，但是每个人都可以参与。尤其在柏拉图后期的作品中，书中的苏格拉底已经由之前的咄咄逼人变得越来越客观，因为只有那样，才能让真理得到最大的呈现。

世界上没有绝对的真理，只有不断去追寻真理的人，即使是柏拉图、亚里士多德这样流芳千古的哲学家，他们的思想也要经历后人反复的评价与质疑。就像卡尔·波普说的：柏拉图著作的影响是无法估量的，人们可以说西方的思想是柏拉图的，也可以说是反柏拉图的。谁都有权利思考真知。

作为地球上最高级生物的我们，还是不要浪费属于我们的那一份思考的权利吧。

## 你的问题在于读书太少而想得太多

没有人是圣人，没有人是完美无缺的。哲学家们经常为某种观点争得你死我活，就连他们自己都会经常推翻自己的观点，不断否定，不断探索，所以人类才会有了真理。

但有一点却几乎没有人有过异议，那就是对书籍的态度。关于书籍有多么好，多么有用，哲人、名人和伟人们已经说了太多经典永流传的话，就连几岁的小童都能随口说出几句，所以无须一一列举。

一本好书的好处是什么，每个人都明白。这是不需要让人教的。

柏拉图也并不是万能的，比如在他提倡的教育理念里，他就突出了统治者的教育。他理想的教育有三个阶段，只有统治者才有必要去进行最高一级的教育，而且不论哪个阶级，学习的目的只是为了心灵的抽象思考和把握善的理念，所以《荷马史诗》这些有点悲剧性质的文学是入不了他的法眼的。这种理论有一定的局限性，正因为如此，后人对柏拉图哲学研究就多了一些争论。

人类文明发展到现在，我们都拥有了当时统治者才有的最高一级教育的机会，而且受教育也不再是男人的权利，女人们也早早参与了进来。这样想我们比前人实在是幸运很多，也比很多国家的女性幸运很多了。

柏拉图在教育忠告里有一句话影响深远，他说“教育应该是终身进行的”。这一理念就如我们古人曾提倡的学海无涯和活到老学到老一样，对每个人来说都意义重大。而书籍就是人们求知和教育中最常用的、也是最方便借助的媒介，有阅读的人才可以拥有智慧。当一个人学成后走出象牙塔，最不应该带走的，就是当年在课堂上翻开书本时那个最美好的习惯。

我们究竟为什么要读书呢?

人们常说知识能改变命运，却没有深究过知识为什么能改变命运，书籍为什么是“人类进步的阶梯”呢?我们的身体要经过五谷杂粮和新陈代谢才能长大，精神上也一样需要有持续的、丰富的营养。我们的身体不能因为达到一定年龄或某个水平后就停止吃饭，我们还需要锻炼来让体质更好。同样地，精神食粮也不能因为走出校门后就停止吸收，不仅不能停止，还要通过越来越多的社会实践来强化它。

书籍给予人的可选择性有很多，我们可以批判性地选择自己最喜欢也最适合的书来阅读。书籍的奥妙，就是它们能呈现出一个色彩斑斓的世界，这个世界里有你想知道的一切答案。人们不能因为鸡蛋和牛奶有营养，就一日三餐只吃鸡蛋和牛奶；读书也是相同的道理，我们的视角绝不能是封闭的，不能局限在课堂上的书本和知识，吃五谷杂粮才能更茁壮。

林语堂说：一个人三日不读书便因语言无味而面目可

憎。书籍是承载着人类几千年历史文明和思想精华的文化结晶。从书里，你可以找到自己把握不到的方向，看到自己意识不到的错误，读到自己认识不清的道理，找到那个我们期待的答案。那里有你无法眼见的历史，有我们无法切身体验的故事，那是每位作者毕生的智慧精粹。它们能够挣脱国家种族，穿越时空，用文字直接穿透你的内心。

我们不知道是不是真的三日不读书，人的气质就开始发生变化，但没有阅读的人是很难摆脱平庸与世俗的。一个没有阅读的人是没有希望的，一个不重视读书的民族，精神文明会缺失，文化会断层，也是没有希望的。

诚然，我们并不是强调书籍的绝对权威性，我们面对书籍一样要充满思考，而不是一味地迷信任何道理，不做批判性地吸收。柏拉图在《菲德诺》一书就曾经说过，不可完全依赖书本，不可以简单地认定书本的权威性。在我国古代也有一位哲人孟子，他曾说过“尽信书则不如无书”这样的论点，可见哲人的智慧多么相通。

我们对待书籍真正的热爱，应像父母对孩子的热爱一样，热爱且还要正确认识对待，这才是最高境界的热爱。

可现实的真实情况是，人们并没有“尽信书”，而是连书香味都好久没有闻到了，大多数人现在闻的最多的应该是 A4 纸打印出来的文件。陈丹青在《荒废集》里曾感叹“这是一个书籍日益增多，但书籍的影响日益萎靡的时代”。这也是一个知识经济的时代，但人们却只追求经济而忽略了知识的提升。

王石笑说：“书籍能让你拥有了物质财富的同时，还不会成为一个暴发户。”由此可见，财富英雄不能只是个物质英雄，还最好是个文化英雄。英雄的影响力之大，可以借由自己向社会散播关于文化的正能量。

崔永元在节目里说他的藏书已经达到五万册以上，纵使没法全部看完，可每年要保证至少 50 本的阅读量。文艺界甚至娱乐圈的名人们的工作往往都是要接受全国观众检验的，主持人是不是知识渊博，学富五车，从他们的言谈和主持功力就可以一眼明辨。阿忆、马东、崔永元、马未都、曹景行，甚至综艺节目主持人如孟非和汪涵，都可以看出来他们平日里知识的积累一定少不了。

知识就是眼界，就是智慧，它会让人拥有敏捷的思维。腹有诗书气自华，这是一种就算不故意卖弄都会自然流露出来的气质。

企业家们的读书时间其实和我们常人无异，大多是利用碎片时间来阅读的：海尔的张瑞敏、华为的任正非、万科的王石，都是利用飞机上、汽车里、等餐的时间来读书充电，凝神思考。比尔·盖茨每年都会有两次闭关静读的时间，那段时间他什么都不做，只看书，只思考，而且每次出关后公司都会有一次大的举动，原因在于他又从书中找到了灵感。更有很多企业家说他们的很多书都是在厕所里读完。

所以，时间不是没有，而是在这些碎片时间里，我们是选择手机刷屏还是选择看书？我们的包里是否要装着一本书？

可现在读书的人的确是越来越少了。在地铁上，人们低头看着各自的手机或平板电脑，一眼瞟过去，居然只有一个女孩在看书，手里拿着一本大学教材用的《西方经济史》，想必是为了考试而做最后的冲刺。

当然现在电子阅读已经非常方便，可几乎人手一部手机的状况下，又有几个人愿意找一本好书，下载到手机里，然后低头认真去阅读呢？

真的很想知道这个比例。

诚如上面所说，现在生活节奏加快，人们为了生活四处奔波辛苦，阅读就只能利用人们的碎片时间。这难得的碎片时间里很少有人再愿意去动脑筋了。早上天蒙蒙亮就起了床，睁着惺松的双眼去上班，有车的挤路，没车的挤公交地铁；上班时间一刻不能放松，晚上说不定还要加个班，身心俱疲。所以，人们宁愿用这些碎片的时间看看网络新闻：幽默段子娱乐节目或是利用社交软件闲聊几句。

其实越是浮躁和疲累，就越应该增加阅读量。书籍才是安抚心灵和指引方向最好的媒介，相对于垃圾信息的轰炸，读书更能治本。

以身边很多现实的情况来看，无论是电子图书还是纸质书籍，对很多人来说都不是生活的必需品。苹果手机是必需品，马尔代夫十日游是必需品，KTV 唱歌和数不胜数的纪念日礼物都是必需品，而书籍就真的是个奢侈品了。很多人都认为书籍属于额外的开销，是不在计划内的，哪怕一本好书从电商那里购买才需要十几元，也一样奢侈得高不可攀。

书籍有价，知识无价。

读书大多不是出于功利的目的，但却有放长线钓大鱼的功效，它或许没法让我们最终成为比尔·盖茨或王石，但至少能像李敖说的那样，愉悦、不寂寞。就好像体育运动员一生或许也拿不了奥运金牌，可他们却至少拥有了一个好的体魄一样。

可也正因为书籍的不功利，所以很多人把它看成了一个投资回报率极低的项目。试想，如果加班或是提高了业绩，最迟次月领工资时就看到回报了；如果送人以李，也必定很快能报之以桃；以心交换心，以爱交换爱，滴水之恩也常常能等来涌泉相报。而书籍却不是。阅读的积累就如同我们的年龄，一秒秒，一分分，一天天地在积累着、变化着，可人们往往没有耐心去等待量变引起质变的那一天。

柏拉图在著作里总是强调任何事物都有一个“一”和“多”的关系，“一”和“多”之间有很多的层次，而知识也是一个过渡的过程。人们投入大量的时间和金钱来读书，却不知道这样的投资是不是真的能引领我们到达梦想的彼岸，自然觉得不划算。所以在急功近利的心态占主流的当今社会里，阅读的人是越来越少了。

上学时，长一辈的人最爱说的一句话就是“现在的年轻人如何如何”；90 后成年起来，人们对这个群体又开始诸多的诟病，说“90 后如何如何”。一代人说一代人，生生不息，但是生活却是越来越好了，这又怎么解释呢？纵观身边爱看书的，有相当一部分是 90 后们，或许他们是离校园还不遥远，还没有被太多纷繁的工作和生活磨了心性，或者是其他什么原因，只要爱阅读便值得嘉奖。

豆瓣网上有很多同城小组，这两年常在“上海二手书交易”这个类型的小组里逛，交易出去不少书籍。自己看完的，觉得不太有收藏价值的，或者是看到有人要交换的书籍里正好有自己想要的，就会拿出几本自己的书去和对方讨价还价。信息来源绝大多数都是大学生或刚出校园的年轻人，也或许在这个年龄段才有看书的心境。让我惊讶的是，他们看的书都很精品，并不是旁人想象的那样肤浅，所以有好几次我拿着手里想要交换的书都觉得很不好意思。

好在爱书之人通常都没有斤斤计较的特质，就像好东西终于有人能欣赏一样，看到有志同道合者往往都大方地送了，自己还乐一个成人之美。交换回来的书里，时常看到各种标记，惊喜地发现打动他们的话正好也是打动自己的那一句。由此想到书带给人们的精神灌输其实是相通的。这句话解释了你的迷惑，一样也解释了我的迷惑；这个故事激励了你，也同样激励了我。

人们都说艺术无国界，音乐无国界，书籍也一样无国界。不仅无国界，还可以让每个人心灵相通。

读书还是一种修身养性的方式，对于当今社会时常处于焦虑状态的人来说，好的书籍可以使人们不浮躁。你会从每天阅读的过程中发现所有的蠢念头正在一点点地从脑海中移去，而换成了一种更加平淡从容的心境；你会在书中找到一个更丰富与智慧的璀璨世界，它增加了你的幸福感；书还会为我们有限的人生带来无限的可能，我们无法丈量世界每寸土地，不可能一生就能看尽所有风光，更不可能经历那么多的悲欢离合，而书籍却能让我们看见世界，看见别人，也看到自己。

每个人的思维也是有局限性的，书籍可以带给我们更广阔的视野，让我们不再故步自封，夜郎自大，坐井观天。

无事且从闲中乐，有书时向静中观。小小的书籍里蕴藏着大智慧，值得一遍遍去回味。无法想象没有书籍的生活是多么的可怕，如果有一些闲中乐的碎片时光，就让我们去找几本好书，静静地阅读吧。

## 信息轰炸的年代，用真知武装自己

柏拉图曾说：一个人若不知真理，只在人们的意见上捕风捉影，他所做出来的文章就显得可笑，而且也不成艺术了。在《菲丽布》中苏格拉底反复论证“智思”的段落里，有这么一段话：强者身上的无知既是可憎的，又是可恶的，无论在真实生活中还是作为舞台形象，它都会伤害到四周的人；而弱者身上的无知却让人看上去可笑。

无知本身是坏的，我们需要的是真知，知之愈明，则行之愈笃；行之愈笃，则知之益明。柏拉图说：凡具有知识者皆比缺少知识者更猛敢，而且人在学习以后皆比在未学习时更猛敢。

关于真知与伪知的斗争，早在古希腊就有了。“智慧”一词在柏拉图思想里有不同的诠释，因为他一直都排斥以智者学派为主宣扬的虚假智慧，认为很多智者都是浑水摸鱼，而且以营利为目的，并不是真的智慧。无论是智者学派的批判精神，还是柏拉图等哲学家对本原世界的坚持探寻，是否真知总是要通过实践来验证，通过历史来盖棺定论。

反观现代社会，也有各种真知与伪知的斗争，这是一个知识大爆炸的年代。大家在这些知识中很容易迷乱，越来越看不清真相，因为几乎人人都能津津乐道某一套关于人生的理论，但是很快就发现无法自圆其说。是不是真知，我们也一样要通过实践来证明，真的就是真的，假的就是假的，假的是经不起考验的。

网络的发达给垃圾信息的渗入提供了最有利的渠道，垃圾信息和伪知识毫不客气地混进了真知的队伍，并且有越来越强大、势必要瓜分天下的趋势。只要打开电脑、手机或任何介质，都能捕获来自地球各个角落、各个渠道的讯息，这是好的发展趋势，科技进步带给人们的就是足不出户可尽览天下事。

可受众群体突然变得这么庞大，商家开始浮躁起来，为了吸引眼球而出现了各式各样的“标题党”：或是无病呻吟的心灵鸡汤，或是耸人听闻的明星趣事，或是你不按照他们的方法吃东西就可能病入膏肓的养生之道，或是人家根本就没说过这样的话却被莫名其妙拿来标榜励志的成功学格言，或是如果你不去看一眼就会被说成没有幽默感的冷笑话。

标题党大多喜欢用这样的字眼，比如“影响你一生的十句话”、“5000万人都看哭了的小故事”、“这样吃，你能活到100岁！”、“史上最全的冷笑话”、“人生必看的100本书”、“比苹果更牛的手机横空出世”、“如何让你的男人永远不离开你”，等等。这些知识看起来是丰富多彩的，但多数都是伪知识，今天还说多吃苹果皮能预防癌症，明天又说苹果皮能致癌；今天还教女人们要独立自信，不要成为男人的附属，坚决不能当怨妇，明天就教女人该如何想尽方法留住男人的心。

每天花费时间看这些内容，结果是貌似懂了很多道理，学了不少知识，可眼界依然窄，知识并没有太大的提高。这类信息最大的功效就是让人们乐一下，打发完碎片的时间，或轻浅地感叹了一回人生，消遣完后继续空虚。

知识和知识有所不同，有一类把目光朝向转瞬即逝的事物，另一类却注目于不生不灭、始终如一、恒久不变的事物。如果以“真”这个标准来考量它们，我们判定后者要比前者更真实。

亚里士多德说过，求知是人类的本性，人生最大的价值就是觉悟与思考的能力。柏拉图的对话录里，苏格拉底曾谈到，如果把所谓的技艺一分为二，类似于音乐（这里的“音乐”相当于我们现在的文化课，并不单单指音乐），在实践中具有较低精准度的，和类似于建筑，在实践中具有较高精准度的。要学习它们需要不同的能力。

柏拉图当时表达的是一种知识的分类，换成现在的话说，我们要有能够正确认识知识的能力，并且让它们为我们的思想锦上添花。

之前说过，柏拉图强调“不知自己的无知，是双倍的无知”，而萧伯纳更将结论推进一步，“假知识比无知更危险。”总是信奉假知识也是一种无知的体现，只是危害更大。木瓜丰胸，绿豆能治百病，烧烤之后吃梨能防癌，当然后来又有一说是烧烤之后吃香蕉也能防癌，秋葵包治糖尿病，股票即将迎来牛市，少吃肉能生男孩……五花八门的信息从各个方面充斥着人们的视觉、听觉，总有那么一群坚定的拥护者天天捧着各类“宝典”研究。

伪知，带给人们的都不仅仅是闹笑话、失颜面，或是经济上的损失，很多时候都是无法挽回的严重后果。越是在五颜六色、狂轰滥炸的信息里，我们越应该保持一份清醒的头脑，拨开云雾看看真相，思考什么是真知识，什么是伪知识。真知多，人们便更能分辨别信息的真伪，才能更好地去思考。

所以，无论是工作还是生活中，我们需要的，是用真才实干来武装自己的头脑，用实践来打造自身的能力，因为只有实践，才能克服经验中的错误。

## 柏拉图的男女平等与五四运动的妇女解放

在《理想国》里，柏拉图要求担任护国者的哲学王们要远离财富，生活共有。因为真正的哲学王不应该为肉体的欲望所绑架，他们应该吃最少的食物，穿最普通的衣服，远离快乐享受，甚至配偶也要共有。男人是所有女哲学王们共有的，女人也是男哲学王们共有的。

柏拉图是第一个提出男女平等的哲学家，他提出的"男女本性是一样的"的理念甚至要先进于两千多年后的今天。在柏拉图的理念里，并不是因为女性是弱者才提倡男女平等，而是他认定男女天赋并无区别，在他的理想国里，实现的是一种真正的男女平等。

柏拉图认为：没有任何一项管理国家的工作，因为女人在干而专属于女性，或者因为男人在干而专属于男性。各种的天赋才能同样分布于男女两性。另一方面，柏拉图指出：我们所说的禀赋的同异是关联到行业的同异，人的天赋能力有所差别指的是人与人之间的差别，而不是男性与女性之间的差别。

男人可以接受教育，可以通过学习成为普通人、护国者或哲学王，女人同样也可以。柏拉图说："造就一个男人成为优秀的护国者，也能造就一个女人成为优秀的护国者。女人的自然本质里有多少不如男人的地方，就有多少优越于男人的地方。"虽然有时候柏拉图也认为女人是个麻烦，因为她们总是情绪太丰富，这样会影响灵魂本身的思考。但他所提出的男女平等，针对的正是古希腊社会里女性地位低下的状况。在当时，他这种唯人善用，并不因为性别而区别对待的理念，是相当先进的。

在《理想国》里，护国者可以共产共妻，下面的二等公民可以在特定的年龄段里通过抽签的方式来决定伴侣，两性生活是完全开放的。柏拉图还极为先进地提出"优生"思想，最优质的男人和最漂亮的女人要多生孩子，以保证后代的高质量，而且男人女人有相等的选择权。直到现在，还有很多国家，比如新加坡在执行类似的优生政策。新加坡政府制定相应措施，鼓励高智商的人多生育。

女性现在享受着和男性同样的接受教育的权利，可以在外谋职顶起半边天，也可以为艺谋，甚至在很多原本是男人一统天下的职业里和他们平分秋色，女性在社会中的作用越来越大了。每到这时，总是不得不想起那个遥远的年代和遥远的国度里的伟大哲人柏拉图，为他的先知智慧所折服。

但“妇女解放”的口号只要还有一天喊着，女性就没有真正的解放，因为这句口号里多多少少都包含着“为弱者加油”的味道，而且解放的不应该只是受教育或是谋职，还有几千年根深蒂固的封建思想。

有一所大学举办辩论赛，其中有一个题目是“女性新中国成立前比新中国成立后更累”还是“女性新中国成立后比新中国成立前更累”。当时小芸的班级抽到的是反方，也就是“新中国成立后的女性压力更大”。

小芸是个做事很认真的人，她为了这场辩论赛泡图书馆，从网上查资料，又不断地找人演练。在比赛时她发挥很好，无论口才、思路还是应辩能力都非常出色，通过和队友通力合作，最终赢得了这场比赛。

这本来只是一个青春的小插曲。虽然小芸的班级最后赢了那场辩论赛，但也并不是评委们偏心某一个观点。辩论赛其实就是言论自由的一种，让这个大千世界里各种声音此起彼伏，此消彼长，百花齐放而已。

小芸真正地对这次辩论赛深有体会，是在大学毕业后。那时她已经结婚生女，天天职场和家庭两头忙碌，气都喘不过来，经常想从婚姻的围城里逃出来，一点也不快乐。

“我总算知道了，新时代的女人，压力真的好大啊！”小芸说，“封建时代的女人，大门不出，二门不迈，只管相夫教子，管好‘内’就可以了，顶多生在大户人家，和其他共侍一夫的女人们勾心斗角。现在呢，女人是旧的责任一个没少，新的责任还增加了。既主内，又主外，白天看上司和客户的脸色，晚上看老公和婆婆的脸色，还要照顾女儿，两年都没睡过一个好觉。”

姐妹问她：“那如果让你回到以前那个时代，用封建礼教来束缚你，你愿意回去吗？”

小芸说：“当然是不愿意的。从五四运动开始，妇女解放这么多年，好不容易顶起了半边天，谁愿意回去呢？

可现在社会对女性的要求真的太高了，既要会赚钱，还要为男人延续香火，还要伺候一家老小，真的是太不容易了。为什么解放的只是女人的劳动力，不把思想也一起解放了呢？”

柏拉图在谈到理想城邦的教育时，说：“除非男女受着一样的教育，否则就不能使妇人有同男人一样的责任。”现在多数地区，男女已经可以接受一样的教育了，但即使是在发达国家，女性还并没有达到真正的人性自由。这或许也与男女生理上的差别有关，女性担负着繁衍后代的天职，天生就要有勇气迎接世界对女性的考验，所以女性才总有与生俱来的母性光辉。

空想主义者傅立叶有一句名言：在任何一个社会中，女性解放的程度都是衡量普遍解放的程度。历史的车轮是向前运行的，五四运动之后，女性们终于拥有了享有独立人格的生活。虽然一个世纪过去了，女性解放还没有真正完成，但当今女性却呼吸着人类历史以来最自由的空气。

有人说，女性解放终究是主客体之间的辩证互动，是女人自己的问题。既是女人自己的问题，那就让女人自己解决，所以女性应该要自觉提高觉醒意识。除此之外一定要多受教育，改变思想，用劳动力独立带来女性的经济独立，用经济独立带来人性的独立。只有这样才能逐渐实现女性真正意义上的解放。

女性的解放，终究是心灵的解放，否则会因为日新月异的时代进步所带来的压力而陷入痛苦与挣扎的边缘，妇女需要的是心灵上真正的觉悟。在科技与生产力都快速发展的今天，女性要以一种积极心态与社会协调起来,以良好的姿态迎接社会给予妇女的挑战，真正地撑起半边天。

## 灵魂不朽，智慧不老

在柏拉图的很多对话录中，柏拉图一次次论证了灵魂不朽。

《斐多篇》中，苏格拉底受刑的那一天，和去监狱里看望他的几个朋友辩论灵魂的存在，苏格拉底没有将死之人的那种惧怕与悲伤，相反却很快乐，以至于齐贝不解地说：“聪明人面临死亡应该是苦恼的，傻子才会高兴。”

由此展开了关于灵魂不灭的对话。

苏格拉底主要从两个方面论证灵魂不灭论：一是因为万事万物都是对立存在的，即生与死是对立存在，可周而复始循环；二是著名的“灵魂回忆论”，正是因为灵魂对前世的事物有一定的记忆，才使得人们在接受眼前事物时觉得并不那么突兀，宇宙间最永恒的法则善、美、智慧以及所有的理念都是先灵魂之初就存在了。

当有朋友担心地问苏格拉底：如是人死后正好遭遇一场大风，灵魂会不会就此被吹散？苏格拉底说：“灵魂是最纯粹的，不是复合的事物，因此也不会被吹散。”苏格拉底在死亡面前不慌不乱，侃侃而谈，一个将死之人做出了“灵魂不老”的论证，这种豪情让人折服。苏格拉底也因此成为“智慧型人格”的典型。

《斐多篇》对西方文化影响之大，很少有其他著作能与之相比，所以后世哲学家们总是将它放到与《耶稣之死》同等重要的位置上。而且柏拉图的“灵魂不死论”也比他的理想城邦更接近于我们普通百姓的内心，它有着浓浓的宗教主义色彩，后来的西方宗教受其影响至深。与柏拉图差不多的时代，我们的祖先也有相似的论点，认为人有生死轮回，有前世记忆，灵魂不朽。

当然这不是我们要分享的重点，不展开论述，因为我们不可能人人都是哲学家，这是做不到的事。可我们却可以在哲学道路的引导下，来解放自己的心灵。

《斐多篇》中，柏拉图说当一个哲学家接受了智慧，那么智慧就会占据人的灵魂。灵魂不朽，智慧也是不会消失的。抛开复杂的哲思，拗口的理论，智慧就是你我身上最能触碰得到的部分，它无处不在。

苏格拉底长相平平，甚至有些丑，在当时的雅典城邦，他的相貌与他的智慧同样享有盛名。但苏格拉底本人从来不介意别人谈论自己的长相，也不觉得自己出现在哪里就会造成难堪。相反，他总是穿着褴褛的衣服，光着脚到处走。他大部分时间都会准时出现在市中心的广场边，发表演讲，撒播智慧，告诉人们幸福的真谛。

苏格拉底只要一出现在广场，人们就会立刻从四面八方围拢到他的身边，静静地听着他的演讲，感受他的智慧，并且被他感染着。有人问过苏格拉底，你长得这么丑，怎么不觉得难堪呢？苏格拉底这样回答：每个人的容貌都是天生的，生得美和丑都没有必要炫耀和自卑，再漂亮的面孔也会衰老，只有美化自己的心灵，用自信和智慧去塑造你在每个人心目中的形象，你才会具有永恒的魅力。

加里·祖卡夫在《灵魂》里有这么一段话：当你认识到，你的灵魂比你的生命更重要，你将不会把两者混为一谈。你明白植物将会枯萎死去，但它的根将常在。当你将自己看作一棵植物，你会紧紧抓住生命中的每一刻，并不会畏惧植物的凋零和死亡……如果你忘记了自己的灵魂，你的死亡就显得那么具有灾难性，那么不可更改，你会认为你的故事开始于出生，终结于死亡。

每次看到这里，内心都觉得无比震撼，也深觉祖卡夫的灵魂理念一定也受了柏拉图的深刻影响。肉体会经历生老病死，但生命力却是永恒的；岁月会摧残人的容颜和体态，甚至会剥夺一部分的思考能力和记忆力，可存在于灵魂中的智慧宝藏却不曾消失，这些智慧会成全自己，影响他人。

我们生活在一个二元对立的环境里，阴与阳，生与死，黑与白，善与恶，好与坏，智慧与愚蠢。从出生的那天起，我们就已经开始不断地拥有，也开始不断地失去。孩童不懂微积分，他们却能看到周围最具有数学之美的事物。而成人都生活在一个既定的价值观念里，设置着自己的理想生活。理想的事物，最好是摸得着、看得到的物质才最能让人安心，心灵的东西太过于抽象，而且并不是这个社会里衡量一个人成功与否的标准，所以灵魂与智思往往不招人待见。

相貌的改变也让人们忧心忡忡，尤其对部分女人而言，相貌是她们生命的全部。相貌可以为其带来自豪、满足、旁人的刮目相看，甚至是财富和优越的生活，但随着因衰老带来的优越感的缺失，她们开始变得焦虑和痛苦，患得患失。聪明的人类拥有着比其他物种更先进的科技，人们用科技的衍生物来改变自己的容颜，延长自己的生命，另一方面身体的欲望又过于猛烈，不断地用食物或体力透支来摧残自己的身体。人们追求着所谓的爱与安稳，却因为意识有误最终获得彻底的空虚。

其实生命不在于长短，比生命更重要的是我们的思想与智慧。柏拉图说：时间带走一切，长年累月会把你的名字、外貌、性格、命运都改变。我们抗拒不了地心的引力，无法与大自然的法则抗衡，却可以牢牢地把握自己的智慧。思想，才是我们人类优于其他物种的重要原因，而人的本质的问题就是思想的问题。

当智慧占据了人们的灵魂，人才会更加接近真善美。

智慧与灵魂都是抽象的，但却并不是作为一个虚无的存在，它实实在在地为我们的人生锦上添花。人想要追求幸福与美好的生活，终究需要心灵的升华。真正实用的智慧不可以没有美德，而美德也不可以没有实用的智慧。

苏格拉底和柏拉图都很长寿，但他们毕竟不是希腊神话中的天神，也是和我们一样会垂垂老去，最后尘归尘，土归土。当人的容颜不再，乌丝变白发，牙齿稀疏，步履蹒跚时，能与肉体的老化逆向发展的就只有我们的灵魂与智慧。它们会随着人们的年龄增长而越发深刻隽永，并且无限地延长我们的生命，让有限的生命得到永生。

## 永远不要嘲笑自己的梦想

柏拉图说，若是除去理想、梦想、幻想，那生命便是一个空架子。

关于梦想的名言警句太多太多，搜索引擎上会告诉你无数关于实现梦想的故事，励志鸡汤让人喝到这辈子都不想再看到鸡汤的地步。“梦想”这个美好的词汇，有泛滥成灾的趋势。

与“梦想”相伴的另一个同样泛滥的词汇就是“成功”。荧屏上，你随处可见一个十岁不到的小孩，参加了一个唱歌或舞蹈的节目，得了一个不错的名次后，便用奶声奶气的语调，说他终于成功了。每当这时，镜头总是会切换到他们神情激动的父母，眼含热泪，满是欣慰。当主持人采访小孩子的父母时，他们总会说，自己的孩子从小就喜欢唱歌，很有天分，今天终于实现了他的梦想。

先不说这些孩子们完成的到底是他们自己的梦想，还是父母的梦想，我们不得而知。可以想象的是大多数这个年龄的孩子连“梦想”二字的真实含义都懵懵懂懂。更令人疑惑的是，一个七八岁的小孩在稚气未脱时就已经实现了自己的梦想，就成功了，那未来的生活，打算换个梦想来实现吗?

是我们把梦想的定义定得太高了呢，还是梦想本来就这么容易实现。

一个人心中有理想是最值得欣慰的事，因为人本来就是寻求意义的动物。有理想在的地方，地狱也成天堂，有希望在的地方，痛苦也成欢乐，这也是本书的主题。

柏拉图的梦想，就是建立一个在哲学思想统治下的理想城邦。他不满当时权力倾轧的雅典，希望能有一个贤君来实施他的治国理念，并用大半生的时间致力于实践。可是因为苏格拉底的死，他恨极了民主制。后来他有一次机会当叙拉古国王狄俄尼索斯二世的老师，可新国王并不认可他的治国理念，柏拉图最终还是放弃了。

但是因为柏拉图的治国思想，开拓了西方历史上第一次将个人意志、男女平等、优生、教育体制和贵族阶层相结合的政治形态。同时他强调城邦建设与立法的关系，通过对人的约束而达到权力的平衡，这是西方三权分立的雏形。

虽然最终柏拉图没有实现他的政治梦想，后来他也承认了理想国在很多方面无法实施，但他却一直在为此探求与实践，从未放弃。他所倡导的哲学与政治思想让西方政治生活迈出了一大步，并且一直绵延至今。这样说来，他的梦想何尝不是一种实现?

梦想之所以不容易实现，是因为它与现实总是有一段距离，不仅如此，它还有无数的可能性。梦想是真爱，即使你知道它不一定真的会照进现实，也不一定能为你带来经济的来源或名利的双收，却不求任何回报都会爱它。

一个人如果对某件事情狂热地喜爱，喜爱到不计报酬、不怕失败的地步，就一定能做到最好，也就能最接近梦想。

每个人都有过自己心中的梦，无论出身卑微还是身份高贵，无论有人支持还是所有人都否定，我们在骨子里总有最坚持的那个东西。或许因为梦想与现实真的有距离，说出来后往往会遭到很多人的嘲笑，所以很多人都把它悄悄地安置在心里，从不和别人提起。

梦想是我们每个人私有的东西，所以在他人看来总是不值一提，因为这不属于别人，只属于我们自己。而心存梦想，也是我们生活下去的最强动力。世界上唯有自己不能嘲笑自己的梦想。

肖恩·巴蒂尔做客央视的《开讲啦》节目，讲述自己从一个瘦弱的男生成长为NBA篮球明星的故事。

肖恩在演讲中说道：“我父亲是个商人，他教会我一件事，就是每天早上起来穿戴好之后，都会告诉自己‘你是很棒的’。无论生病了还是劳累了，他依旧会竭尽全力。很多人都认为我是某天突然醒来，发现身高长到2.05米，然后就顺理成章地进了NBA，但没有人认识到我追梦的过程，是需要恒心和毅力的。”

肖恩说他12岁的时候，身高1.8米，人像铅笔一样瘦，根本没有女孩子愿意和他约会或者接吻，人们都觉得他长得很可笑。有一天，他和身边的人说想去NBA打球，然后几乎所有的人都嘲笑他，嘲笑他的梦想。人人都说他太瘦了，跑得不快，跳得也不高，是绝对不可能到NBA打篮球的，也绝对实现不了这个梦想的。

肖恩那时才12岁，听到别人都不认可他的想法，依然选择遵从了自己的内心。他听从父亲的教诲，每天起来对着镜子，告诉自己你是很棒的，只要努力，哪怕每天只进步那么一点点，都可以离梦想越来越近。不用想昨天，也不用想明天，只想自己当天是不是够努力，有没有做到离梦想又近了一些。

肖恩那时候的偶像是NBA的篮球巨星克利斯·韦伯，他一心想成为韦伯那样的人，可这同样又一次遭到人们的嘲笑与打击；直到肖恩成了高中生篮球比赛中的明星，进入了学术与体育都非常突出的杜克大学，依旧没有人相信他会进入NBA。旁人的说辞总是一样，说他速度太慢，跳得不高，身体也不壮。这种质疑一直延续到他已经进了NBA，他依然需要努力来粉碎人们的疑问。

肖恩喜爱篮球，也喜欢学习，当别人说“你要是能打好篮球，学习成绩可以不用那么好”的时候，他觉得不可思议。因为他既想打好篮球，也想做一个好学生。他成功了，他的高中成绩只有一个B，其他全是A，他在著名的杜克大学也成绩优异。而在NBA，年纪轻轻的他已经拿到过两个冠军。

肖恩说，每个人都有自己的存在价值，他自己就是一个绿叶，他愿意当个成功的绿叶。他的教练曾告诉他，篮球场上有无数的变化，每次比赛都有几十个国家的电视台在直播，如果被鞋带绊倒了，摔在地上，难道要去痛哭吗？那只能会引来更多的嘲笑。唯一能做的，就是站起来，准备好下一次的比赛。

梦想原本就是很孤单的旅程，孤单到前进的路上可能只有你一人，但会听到来自四面八方阻挠的杂音。就像童话里那个要去找能拯救城堡的宝物的公主一样，女巫告诉她要穿过一片可怕的森林，但无论谁叫她都不能回头，无论听到多么恐怖的声音都不能回头，否则就会前功尽弃。我们就是那个背负着使命的公主，要面对所有的嘲笑、诱惑与艰难险阻，才能拿到拯救自己王国的宝物。

当你对家人说，自己很爱书法艺术，想以此为业。别人会告诉你：这个行业根本没有出路，你看有几个学书法的能写出什么名堂呢？不如去当老师，现在的老师福利好工资高，一年还有两个假期……

当你对朋友说，想当个魔术师，就像刘谦一样。朋友们会告诉你，大多数魔术师还在街头卖艺呢，朝不保夕，还是好好找个工作干着吧，别成天尽想些不实际的。

当你出版了一本书，反响很好，人们会问你，赚了多少钱？什么，才这么点？那你为什么还要写呢？

当你说最大的愿望是开家公司，然后上市。人们先是当面哈哈大笑，说“那你加油”，一转身，你就成了别人茶余饭后的笑料。

这只是梦想路途上极小的干扰，只要内心坚定，它们都可以忽略不计，但人们往往就是在这些连绵不断的干扰下开始动摇。圆梦的路途并不好走，我们需要自信、专注、内心强大，还要有足够的热情去全力以赴；我们还会看到美丽与丑恶，真诚与欺骗和数不清的陷阱。但我们只要有坚定的信念，没有自己将自己打倒，心中有景，就何时何地都可以香飘满园。

柏拉图说，当你能飞的时候不要放弃飞，当你能梦的时候不要放弃梦，当你能爱的时候不要放弃爱。对于嘲笑和讥讽的质疑声音，我们只需笑对，并告诉它们：请让一让，因为你们挡住了阳光。

## 命运总是垂青有准备的人

在《菲丽布》中，苏格拉底在与普罗塔库斯和菲丽布探讨“一”和“多”的问题时，苏格拉底以乐师为例：“我们假定高低音为两种声音，平音则为第三种。虽说晓得这些事实并不足以使你成为一个乐师，可是，恕我直言，如果你连这些都不晓得的话，那跟你谈音乐，无异于对牛弹琴，徒然耗费精力。”

柏拉图说，一切与技艺有关并依赖于技艺的事物都是靠技艺来承担和显露的。技艺不精或是没有技艺，就连显露的机会也没有。君子藏器于身，待时而动，就算有时的机遇，你也要有器的闪光，这样才可以将时抓紧从而施展自己的才能。不要叹时的不公，而要看自己在默默无闻的时候，有没有加强自我的修养，有没有多去耐心求知，来提高自己的竞争力呢?

蔡康永在微博里曾写过一篇很有名的小短文：15岁觉得游泳难，放弃游泳，到18岁遇到一个你喜欢的人约你去游泳，你只好说“我不会耶”；18岁觉得英文难，放弃英文，28岁出现一个很棒的、但要会英文的工作，你只好说“我不会耶”。人生前期越嫌麻烦，越懒得学，后来就越可能错过让你动心的人和事，错过新风景。

很多人在找工作的时候，遇到自己心仪已久的公司正在招聘，一定会欢欣鼓舞。如果招聘的职位与自己的专业所学或工作经验完全不相符，人们都会一笑了之，期待下一次的机会。可如果该岗位和自身的条件非常接近，仅仅因为自己某一处条件达不到要求而错失机会，你一定会扼腕痛惜。因为，你如果之前好好准备，那个所谓的“达不到”，原本你可以做得更好。

人在失去一个机遇的时候，会羡慕那个得到同样机遇的人，而且往往会觉得对方只是比自己幸运，甚至可能有着比自己更强硬的社会关系，偏偏不会静下心来，思考一下自己究竟在哪些地方出了问题。所以很多人都会认命，然后，退而求其次，再选择一个远不如上一个机会好的机会。其实如果将自身的竞争力真正提高，机会也会相应增多，这里不需要人的宿命理念，需要的是自身真正的觉悟。

美国总统福特有句著名的格言，他说："据我观察，大部分人都是在别人荒废的时间里崭露头角的。"天助自助者，就算是神也只想帮助那些自己尝试帮助自己的人，而不是那些坐吃山空，等天上掉馅饼的人。我们之前讨论过柏拉图关于"教育需要终身进行"的观点，知道人要随着社会的进步，而不断地进步，甚至要置换掉一些陈旧的学识与观念，而不是周身所处的环境一直在向前，唯有你止步不前，那只有不进则退。

不进则退，理想与现实的距离越来越大，就是一个人牢骚与痛苦的根源。

大学同学毕业五周年的聚会，同学们看起来都过得很好，但却又牢骚满腹。小黄发现，同学们在面对一些比较有成就的同学时往往有两种极端的态度，一种是羡慕，一种是感叹自己时运不济，极少有人会琢磨这些优秀的人在背后做的努力。比如，大家都觉得开食品代理公司的女同学丁丁过得很惬意，事业情场两得意，还保养得那么好，私底下感叹丁丁好命，在家能靠父母，现在又能靠男友。

丁丁的内心经过这些年的商战已经修炼得很强大，面对同学们的艳羡之声也只是笑笑。

可小黄和丁丁比较熟，她知道丁丁的家里发生过变故，她开公司食品代理公司靠的全是自己，而她现任的男朋友也是等公司发展起来后才认识的。丁丁开公司初期非常辛苦，曾经一个星期内只睡了十几个小时，最艰难的时候丁丁四处奔波，连连出差，连泡碗方便面都觉得是在浪费时间，经常是饿得撑不住了才买个汉堡包或是面包充饥；公司初期连几位员工的工资都发不起的时候，丁丁都从未拖欠过员工工资，她变卖了自己以前买的首饰和包包，甚至是用信用卡套现来支付员工的工资。

丁丁的努力终于没有白费，意大利和法国两家新型的食品公司在华寻找总代理的时候，丁丁的公司中了标，对方正是看到她的公司的潜在实力和丁丁的执着精神。她的公司能走上正轨，完全是因为她的努力和诚信。而这些丁丁从不和旁人说起。

小黄面黄肌瘦，同学们问她最近在做什么，为什么这么瘦？小黄说她现在在一家贸易公司，因为自己不是贸易的科班出身，所以就要多学习，要不跟不上公司发展的步伐。小黄打算考外销员证，所以正在加紧学习，此外还进修捷克语。

有同学便分析说："捷克语是小语种，其实没有必要专门去学，因为很多捷克人都会说英语。而且现在公司注重的是实际工作的能力，考太多证其实是没什么用的。"

小黄没有被他们说服，依然坚持自己的学习，在别人娱乐的时间里，她都在拼命地学习，还报了班。因为她知道这个著名的贸易公司里面藏龙卧虎，自己是非专业人员，能进公司已经是非常幸运，不努力是不行的。

事情正如小黄所料。公司发展很快，曾经业绩很弱的中欧区域很快就被开发出来了。捷克的第一个大客户是个60多岁的男人，他不会说英语。小黄是公司第一个会说捷克语的人，那时她的语言功底进行商务谈判已经没什么问题了，也因此得到去捷克谈判的机会。

大学的十年同学聚会上，好多同学已经换了几次工作，虽然说工资比以前都有了进步，但很多人的每份工作都是浅尝辄止，并没有在个人技能上做太大的提升。而小黄依旧在那家贸易公司，已经做到了外贸部总监，在行业内名声响亮，不少的同行都曾高薪挖过她。此时的小黄依旧谦逊低调，从来没有放弃过学习。她不仅在工作上专业技能过硬，英语、捷克语和日语都十分了得，还在业余时间学习钢琴、调酒，生活繁忙却有滋有味。

生活中有太多的小黄和丁丁，但却有更多的“同学们”。当你发牢骚的时候，当你沉迷于网络游戏的时候，当你正在百无聊赖地刷着手机看着那些毫无营养价值的信息的时候，你所羡慕嫉妒的那个人或许正在偷偷地努力。

柏拉图说“理想的路总是为有信心的人准备着”，这是多么浅显易懂的道理。不要总是埋怨上帝不公平，上帝他老人家可从未埋怨过人们的愚昧；不要哀叹自己总是生不逢时，殊不知有过太多的机会早就围绕在你身边，是你自己没有能力迎接大驾。

愚者错失机会，智者抓住机会，机会只给那些做好准备的人，我们要做的，终归还是要勤奋努力。

# 第二章

# 心境：别让负面恶劣心境占据你太多的快乐

加里·祖卡夫的《灵魂》里面有一段发人深省的话，这里拿来与读者们分享。

“如果你不挑战自己的愤怒、恐惧和嫉妒，你直到死也不会改变。变老并不意味着你会自动变得更善良或更加睿智。数以百万计的人们在死去的时候依然是愤怒的、恐惧的和嫉妒的。除非你治愈了你个性之中那些给你带来痛苦的部分，否则，它们不会改变。这是因为，没有人能够改变它们，只有你自己才能做得到。”

不要把恶劣的心境，天真地交给时间，能改变的只有你自己。

## 舍善而趋恶不是人类的本性

柏拉图在《理想国》里用很长的篇幅论证过“正义与不正义”和“善与恶”的理念，而实际上，“至善”是柏拉图哲学体系中最重要的一个论点，这个论点几乎出现在他的每一部著作里。柏拉图在他著名的“日喻”里面，把善理念比作太阳，根据太阳可以使眼睛看见事物的常识，说明善的理念能够使心灵的理性认识到事物的善。就是说，只要你心存善念，你就能看到这个世界最真、最善的东西。

柏拉图说，真理和知识都是美的，而善的理念比这两点更美。就如他这句著名的格言“舍善而趋恶不是人的本性”一样，柏拉图直到晚年都一直在论证关于“善良”的真理：善到底是不是好，有多好。

人之初，性本善。人类的智慧总是相通的。

很多人痛苦的来源，就是因为他们总是纠结对善与恶的把握，不知道自己到底该做一个什么样的人，还有身边的人到底是充满善意还是恶意？其实世界上本无好人和坏人，无论是谁，本性里都有相反相成的两面，我们无法把人归为好人或是坏人，就暂且称呼为“善良的人”和“不太善良的人”吧。

或许是太多负面的价值观占据了人们的大脑，人们开始对善与不善纠结了起来。中国人说某某是个老好人，大概的意思就是这个人老实本分，不会说谎也不会害人，而且还经常吃闷亏。所以这个称呼就包含了一种“有点同情”和“该人没啥出息”的意味。若是让说这话的人也去当个“老好人”，他大概是不愿意的。

所以，人们的痛苦就开始了，因为很多人不知道善的目的，究竟是要受人夸赞，还是要自己安详。

苏格拉底（以下简称苏）：那么正义的、心灵正义的人生活得好，不正义的人生活得不好是不是？

色拉叙马霍斯（以下简称色）：照你这么推理，显然是的。

苏：生活好的人必定是快乐、幸福的，生活不好的人正好相反。

色：诚然。

苏：所以正义者是快乐的，不正义者是痛苦的。

色：姑且这么说吧。

苏：但痛苦不是利益，快乐才是利益。

色：是的。

苏：那么不正义绝对不会比快乐更有利?

色：苏格拉底，你就把这个当作朋迪斯节的盛宴吧。

柏拉图反复地论证正义与不正义以及它们与快乐的关系，直到晚期作品《菲丽布》里还在寻找着答案。而人们纠结的矛盾也正在这里，痛苦和迷茫也因此而来。人的痛苦，在于看不清自己也看不清别人，人会因为某些事违背了自己的内心而痛苦，因为看到不正义的事而痛苦，也因为看到不正义的事却有心无力而痛苦，或是因为坚守多年的信念突然崩塌，而内心痛苦无比。

《悲惨世界》里那个坚持了一辈子“人性本恶论”的警察沙威，在最后关头却放走了冉阿让。沙威终于发现了善的存在，因而无法接受自己一直坚守的信念居然是错误的这一事实，最终痛苦地跳河结束生命，充满了殉道的意味。

沙威还是以信了善给自己的生命画了一个句号。

如果你问任何一个人，你们愿意做个善良的人，还是做一个不善良的人，我想每个人的内心都会给出同样的答案：做一个善良的人。不管怎么样，人的本性还都是从善的，人们也都是相信善良的力量的。积德虽无人见，行善却自有天知，人人都明白这个道理。人们对善的渴望，就是最基本的一种正能量。

2013 年 2 月 19 日，上海市一民工快递员去银行存钱，路上不慎将 17 600 元人民币撒落一地，引起人们哄抢。这条消息在网上发布，随后很快引起舆论哗然，网民声音清一色地一边倒，大叹世风日下，人心不古，国民道德沦陷云云。每个人都变成了正义之士，指责那些抢民工血汗钱的无耻之徒。

后来事情发生了转机，在媒体的连番报道下，捡到钞票的人们纷纷把钱还回去，更有很多民众主动捐出了爱心款，帮那位民工渡过了难关。

新华社中国网曾为此事写过这么一段话：好的道德环境会让人们变得更美好......冷漠者在善意互动的环境下，也能展现美好的一面。并不是他们的道德水平短时间内迅速提高了，而是互相传递的善意如镜子一般照出每个人原本就有的恻隐之心。

世界绮丽丰富，但又不那么太平。人生的路上之所以有那么多不如意，很多情况下是因为我们时不时会遇到不那么善良和美好的事，可不论如何，善良都是我们在这个世界上明智又保险的生存方式。“不善良”就像一柄双刃剑，伤了别人后自己也不会舒服。有句话说得好：作恶之可怕，不在被人发现，而在于自己知道，因此无法心安，因为心安才是人们最想要的幸福。

没有大善、小善，善就是善。不要小看这一点点小小的意识，人类本是一个意识的动物，意识所释放的能量是巨大的，一颗向善的心更是具有神奇的力量，这是柏拉图口中永恒的本质，不会消失的法则。

《世说新语》里有个小故事叫《顾荣施炙》：顾荣在洛阳时，应别人的邀请去赴宴。宴席上他发觉烤肉的下人脸上显露出对烤肉渴求的神色，很想吃几块。于是他拿起自己的那份烤肉，让下人吃。同席的人都耻笑他有失身份。顾荣说："一个人每天都烤肉，怎么能让他连烤肉的滋味都尝不到呢？"后来战乱四起，晋朝大批人渡长江南流，每当顾荣遇到危难时，总有一个人经常在顾荣左右保护他，于是顾荣感激地问他原因，才知道他就是当年端送烤肉的仆人。

5 岁的迈尔斯是美国加州北部小城的一个普通小男孩，但他从 18 个月大开始就被诊断为白血病。迈尔斯有个愿望，就是当一个蝙蝠侠似的英雄，于是"许愿基金会"开始了为他圆梦的活动，这一建议得到了旧金山政府和市民的全力支持，光志愿者报名人数就达到 1.2 万人。

为实现迈尔斯当蝙蝠侠的心愿，美国旧金山市 15 日变成电影《蝙蝠侠》中的高谭市，警方、市长和民众通力配合"蝙蝠娃"迈尔斯抓"坏蛋"、"拯救"城市。2013 年 11 月 14 日，迈尔斯到了旧金山，一场规模浩大的圆梦活动正在迎接他。15 日上午，迈尔斯身穿蝙蝠侠的衣服，乘坐电影中的蝙蝠车，出现在旧金山闹市区的街道上，然后由旧金山警察局局长格雷格·苏尔扮演的"高谭市"市长，向"蝙蝠娃"求助。

在一名成年蝙蝠侠和多名警察陪伴下，迈尔斯开始“拯救行动”：在体育场解救旧金山巨人棒球队的一个吉祥物，到旧金山城区缆车轨道上解救一名妇女并拆解一个“爆炸物”，去一家银行逮捕劫匪，挫败一起抢劫案。然后，旧金山地区检察官和联邦调查局探员也加入演出，审判“罪犯”。随后，旧金山市市长李孟贤与迈尔斯见面，为他送上一把巧克力制成的钥匙，表达这座城市对“小英雄”的感谢和表彰。

迈尔斯的母亲说，“梦想成真”对我们这个家庭意味着过去三年的一个结束，从此，我们给儿子的不再是药物。

一个中国古代的故事和一个发生在美国现代的故事，它们之间没有联系，但又紧紧相连。联系这两个故事的就是从善的力量。无论纵观千年，还是横看万里，美好的故事带给人们的绝不仅仅是感动。

向恶并不是人类的本性，从善才是永恒的追求。人为善，福虽未至，祸已远离；人为恶，祸虽未至，福已远离。这是善的力量，也是善的智慧，而智慧具有更神圣的品质，并且永远都不会丧失它的效能。人类的历史也一次次证明，善良才是人们的本性，也是人们最想拥有的理念之一，没有人生来就愿意和丑恶、阴暗相伴一生。那么，为这个问题而痛苦的人们，就不用再纠结了。

## 平常心，才是真的快乐

柏拉图在《菲丽布》里展开了对快乐的各种具体入微的探讨，菲丽布坚持快乐至上之说，而苏格拉底竭尽全力地反对他的观点，他认为不能把“无痛苦”当成快乐。其实《菲丽布》并不是柏拉图唯一论证快乐的著作，他对快乐的论断是随着年龄的增长有所变化的。

在早期《高尔吉亚篇》里，柏拉图批判了极端的快乐主义，在《普罗泰戈拉篇》里语气明显有所缓和，指出只有知识才能告诉人们至善的道理，从而得到真正有益的快乐。等到了晚期作品《菲丽布》时，柏拉图开始把快乐具体化，对快乐进行了分类，同时又完整深刻地论证了他的观点。

虽然直到《菲丽布》的结尾都没有一个关于快乐的明

确论断，论证当中有些细节的模糊也遭到很多研究者的质疑。可多数人从柏拉图这种递进的关于快乐的论点当中，还是能够明白他想表达的含义。柏拉图并不是真的反对“快乐”二字，只是他一直都不提倡敌视的伦理观。虚假的快乐并不是真的快乐，人因为肉体的欲望满足而产生的快乐也是不真实的，只有心的快乐才是真的快乐。

柏拉图崇尚的是一种纯粹而恒久的快乐，不是欲望的一时满足或是背离了善的快乐。柏拉图的理念与范仲淹的“不以物喜，不以己悲”理念类似，我们可以通俗地理解为：平常心。

“平常心”一词，佛语里是指“若于一切处而不住相，于彼相中不生憎爱，亦无取舍，不念利益成坏等事，安闲恬静，虚融淡泊；于一切处，行住坐卧，纯一直心，不动道场，真成净土。”而心理学上的解释为：对自己做任何事的成功和失败的概率有准确的预测。

其实关于平常心，哲学家有哲学家的解释，道有道的说法，无外乎仁爱或是无为，淡定或是知足之解。

宋代无门和尚有一句著名的诗：若无闲事挂心头，便是人间好时节。讲的就是这个道理，只要我们放宽心怀，不要整天为琐事牵挂，眼界一宽，万事万物也会变得美好起来。而我们生活中需要的平常心，就是心平常，就是和平常日子里一样的心态。心无旁骛，真正地做到不以物喜，不以己悲。

杨凡的学习成绩一直在年级名列前茅，家长和老师对她的期望值很高，给她定的目标就是考上北大或清华。

杨凡在填报志愿的时候，就出现了不同于平常的状态，她非常紧张。因为不仅有班主任在旁边辅导，望子成龙的父母也专门请了假，来到学校一起参与。

“杨凡，写在这一栏，字写好看点，别写错啊。”杨凡的妈妈在旁边千叮咛万嘱咐。

“杨凡，你填报志愿的时候，为了稳妥起见，一定要想好第一志愿和第二志愿中间的差距，选专业也是重要的。”班主任也苦口婆心，重点关照她。

“杨凡，我们学校今年的光荣榜就靠你啦。”同学们纷纷打趣道。

杨凡像是把全世界的责任都扛到了自己的肩膀上，她肩负着那么多人的希望，一点也不敢懈怠。她甚至想到如果高考失败了，父母肯定不敢出门见人，还会有妈妈的整日以泪洗面，班主任的唉声叹气和同学们的嘲笑……

这样下来，杨凡越发在乎这次高考，她也越发地紧张起来。据杨凡的同桌说："杨凡填报志愿时，手都是抖个不停的。"

高三的学生总是最辛苦，杨凡自从升了高三后，每周的生活费涨了，各种营养品，补脑液更是从未落下，父母对杨凡有求必应。

高考的前几天，杨凡的父母在考场附近订了一间酒店，他们订酒店时详细考察了周边的环境，确保蚊子不咬、杂音不吵后，才安心地让杨凡住进去。此外杨妈妈每天都十全大补汤供应着，杨爸爸专门请了假，全天候照顾他的宝贝女儿。

结果在高考的那一天，杨凡的肠胃极度不舒服，加上紧张过度，考场又像个大闷锅。她在第一场考语文的时候，虽然腹痛难耐，但仍硬咬牙关，死撑着没去洗手间，直到最后热汗直流，嘴唇发白，几度休克。

同时，或许是因为那几天营养的过分补充，身体的状态和平常很不一样，当天下午杨凡的例假就来了，比平常整整提前了十天。

结果大家一定已经猜到，她的高考成绩很差，只勉强上了一本线。

失望的杨凡父母整个暑假都在唠叨让她复读一年的事，杨凡在这种压力下，几次产生轻生的念头，后来在几个好朋友的鼓励和宽慰下才慢慢走出阴霾。

试想，如果杨凡和她的父母都能把高考当成和平常的考试一样，不特别优待，正常饮食，不给她强加额外的巨大压力，或许杨凡就不会那么紧张，就不会肠胃不舒服，就会和平常任何一次模拟考试一样，发挥正常水平。

杨凡父母犯的错误，就是对名牌大学的欲望过于强烈，他们期待着这个愿望满足的那一天，期待着那种瞬间的快乐。正如柏拉图所批判的那样，这种虚假的快乐力量之大，能使人迷惑，远离和谐，造成错误的人生目标，从而促使人因为欲望得不到满足而陷入无止境的痛苦中。

欲望，是人拥有一颗平常心最大的拦路虎。得之乐，失之悲，皆只因欲望的成与不成，为此徒增了人生的诸多苦恼。有些人之所以痛苦，是因为欲望太重，把某些事物看得太重，没办法把这些事用平日里淡定的心态去对待，只预见了事物往好的方向发展，没有预见失败后的承受，所以人生的痛苦从此而起。

诚然，这是一种不容易达到的境界，如果容易，就不用柏拉图或是无门和尚这样的高人来警醒世人了。人不可能没有欲望，人的心情也不可能就是一根直线的电波图，没有起伏，人更不可能脱离现实而存在。就像心理学上的解释一样，我们需要做的，就是“要对成功与失败的概率有一个准确的预测”，懂得接受一切结果、懂得宽容、懂得放下。

人生是一场修行，人要追求幸福，就需要由平常心的智慧去引路，得而不喜，失而不泣，懂得知足，识得进退，于无声处听惊雷。

平常心，不是让人没有理想和追求，不是让人颓废至死，更不是让人消极遁世。恰恰相反，平常心是一种极高的智慧，积极的人生态度。只有以平常心对待人生，人才不轻易被偶尔的骄傲所膨胀，才不会被一时的困难所击败。

还是用柏拉图在《菲丽布》中的话来做结束：“其实快乐不分多少，图钉跟诗一样美好。”快乐和痛苦有如本性释放出的两股泉水一样流淌。一个人如果是在适当的时候从适当的那股泉水中汲取适当的数量，那便会过上一种幸福的生活。

## 拖延时间是压制恼怒最好的方式

压制情绪也是柏拉图“理性”和“节制”思想的一部分表现。在他看来，任何非理性的行为仅仅是与肉体的结合所造成的后果，快乐、恐惧、忧虑或愤怒，这些统统都是为伺候肉体而活着的。而真正有理智的灵魂，应懂得摒弃这些情绪的束缚，永远追着理智走，在平静中生存。

关于克制恶劣的情绪，苏格拉底曾建议，在你发怒的时候，要紧闭你的嘴，以免增加你的怒气。而“拖延时间”是柏拉图给出的更具体的方法。在愤怒的情绪已经到了临界点，恶言恶语就要脱口而出前，可以缓解情绪的最佳方式就是在话语出口前，自己在心里数几秒钟。

一、二、三……当你刚刚数到十秒还不到的时候，几乎没有想说话的欲望了。

人是不可能没有情绪的，冲动、恼怒是人们正常行为举止的一部分，无论是脾气暴躁的人还是性格温和的人，每个人都有恼羞成怒的时候。这是生命的一种基本特征，是潜意识中最本能的心理活动，就像感觉到饿与渴一样。

人有情绪才真实，情绪能得到节制就更使人喜爱，否则世界上也不会有“情商”一说。人在发怒的时候会误把对方当成是自己的亲人，认为发了脾气人家也会谅解自己，因为亲人没有隔夜仇。可现实的后果往往是你逞了一时的口舌英雄，失去了面前的这个人，得了一个没有修养的名声，最主要的，是什么问题都没有解决。

桢桢说她在公司总是很孤立，领导、同事都不是那么喜欢她。

桢桢特别委屈，她说她的同事里没有一个人是真正热心于工作的，领导在的时候就表现良好，领导不在的时候就偷偷上网购物，甚至打网络游戏；每次和同事出差，同事都能在酒店里一觉睡到九点多钟，然后慢腾腾地收拾，等出去工作时又快到午餐时间了。唯有她，不论有无领导在旁边都认真对待工作。

她很不服，觉得很不公平。

桢桢一开始并没有意识到自己的孤立，直到发生一件事。有一次公司在成都参加糖酒会的展览，被派去的七八个同事前前后后忙乎了一个多星期，等糖酒会结束的那天晚上，同事们便一起相约去放松。桢桢的顶头上司秦经理把饭局安排到一个火锅店。本来是同事们开怀畅饮的机会，可桢桢发现大家吃的并不多，饭局很快就散了。

桢桢是后来才无意中知道，那天吃完火锅后，同事们假装回到酒店，但很快秦经理就再次把其他同事聚集到一起，去酒吧玩了，唯独没有叫她。桢桢这才意识到自己的孤立，她想起在安排酒店房间的时候，没有一个同事愿意和自己住一个房间，而出差的女性人数正好是偶数，那个多出来的女同事宁愿和别人住三人间，都不愿意和她住标间。桢桢知道后大哭了一场，觉得特别委屈。

桢桢的男朋友问她，是不是什么时候得罪了同事。桢桢回忆说，有一次部门开例会，因为一个误会，秦经理劈头盖脸地批评她一顿，桢桢当时非常恼怒，因为这并不是自己的过失，她决定反击。桢桢在会议上当着所有同事的面，将事情的来龙去脉解释一遍，以证明自己的清白。发泄完之后还补充一句："秦经理，你可以怀疑我的工作能力，但不能怀疑我的工作态度，整个部门只有我才对得起公司发给我的工资，难道认真工作的人比那些天天混日子的人应该遭受到斥责吗？"

就这一句话，得罪了秦经理以及部门所有的人。

碍于桢桢在公司的表现很得上级的认可，秦经理手下也需要一个真正做事的人，桢桢并没有机会被开除。事后秦经理还向她道歉，说自己弄错了。但是桢桢的那句话带来的后果已经无法挽回。

桢桢最后主动辞职了，她说受不了在那样的一个工作环境里工作，整日都不开心。

其实大家都很明白，桢桢并没有错，我们也并不提倡错误的价值观，更不倡导人要圆滑世故。我们想要说的是，愤怒本身是解决不了问题的。看得出来桢桢很热爱她的工作，她也是一个绝对称职的员工，但她却因为一句没有克制的话让自己失去了心爱的工作。如果桢桢能在气头上缓和很短的时间，不要让那句过分直接的话说出口，换另外一种解决的方式，或许结果会变得更好。

恶语一句六月寒。容易动怒的人往往是情绪化的人，从来都是被情绪牵着鼻子走；他们还是容易自卑的人，内心脆弱不强大，所以他们才想用非常激烈的表达方式来掩盖自己内心的无力感。发脾气多存在于最亲近的人之间，越是亲近的人就越肆无忌惮，或是受了委屈，或是想得到重视，或是认为有理在于声高，或是想赢在气势上。但不管目的是什么，愤怒通常都是无效的。

柏拉图的智慧不只用在说话上，更多的是人的内心。社会里的人们都是会相互接触和相互影响的，别人对你的伤害可能是出于某种报复心，而你因恼怒进行的反击，满足的也是一种报复的快感。但这种快感是很短暂的，无法根治你内心的痛苦。你很恨那个伤害你的人，你希望他痛苦，以此来换取自己的快乐，但结果是你并不会因此而真的快乐，或者，你还会陷入另外一种内心的焦虑中。

人在痛苦的时候，绝望总是随时伴随，它藏在心里的某个角落，时不时出来为这个痛苦的灵魂添一把柴火。恼怒也是类似的情绪，恼怒会带给人绝望的感觉，让人在进行一系列反击的行为时失去理智，因为绝望的负面影响，很容易让人产生破罐子破摔、大不了就鱼死网破、不就是一个工作嘛等不良心理。

人是应该有血性和骨气的，但并不表现在冲动上，冲动不是勇气。人需要在恼怒的行为快要成为现实时，努力为自己找一个平复的过程，思考自己的内心是不是真的需要报复。这个过程需要很大的决心，而拖延时间便是最好的方式。在这个看起来微不足道的短暂时间里，你或许就能有一种全新的意见，开始思考这样做究竟是不是真的有意义？自己的愤怒情绪真的是有力量的吗？它真的会为自己解决问题，带来快乐，还是让自己更痛苦和更不快乐呢？

当你有了新的感悟，你早把当时恼羞成怒和义愤填膺的情绪忘得一干二净了，价值观也悄悄地发生了变化。当你再想到曾经有过的冲动想法时，会觉得很不舒服，甚至会庆幸自己并没有那么做。

任何一个问题都有不同的解决途径，而恼怒是最无效的一种之一。恼怒只是短暂的疯狂，是自己的意识得不到控制和缺乏教养的表现。心既是万物，我们要学会让理智战胜恼怒，让心归于平静。

## 辩证法告诉我们：痛苦是可以转换的

辩证法里最核心也最好理解的就是事物对立统一的思想，辩证法也是柏拉图的《理想国》里最高一个级别的教育内容。其实古希腊的哲学家个个都是天生的辩证法高手，其中，比柏拉图更早期的赫拉克利特，被称为“辩证法的奠基人之一”。赫拉克利特用朴素的语言，为我们说明了辩证法的对立统一思想。

赫拉克利特用例子来说明事物是由两个对立面组成的，比如日与夜、饥与饱、冷与热、存在与非存在、善与恶、正义与非正义等。事物的两个对立面是相互依存的，“疾病使健康舒服、坏使好舒服、饥使饱舒服”，没有非正义的不好，人们就看不到正义的好。

事物的两个对立面不仅相互依存，还会相互转化。赫拉克利特说：“在我们身上，生与死，醒与梦，少与老，都始终是同一样东西。后者变化了，就成为前者，前者再变化，又成为后者。”任何事物都是一直在变化的，一切事物都不常在，所以人也不可能两次踏进同一条河流。

事物常在而又不常在，对立面中无论哪一面都不是永远不变的。

柏拉图在《斐多篇》里曾写到过苏格拉底在饮毒药赴死之前，曾和学生们一起论证关于灵魂不会灭亡的话题。苏格拉底说：“高贵是低贱的相反，公正是不公正的相反。一切事物，凡是有相反的一面，它一定就是从这相反的一面产生的，而且只能从这相反的一面产生。每一对相反的事物中间，总有两种变化，变过来又变过去。”

在柏拉图看来，自然界向来是周全的，不会在一件事情上只顾一面。醒是由睡产生的，睡是从醒产生的，睡过去了，又醒过来了。而错误的相反面就是正确，痛苦的相反面就是快乐，它们也一样会相互转换。

没有人愿意用这种痛苦换那种痛苦，这种惧怕换那种惧怕，人人都希望是由这种痛苦，换那种快乐。

关于痛苦情绪的起源，实在是有无限的可能性，这是人类最常拥有的情绪之一。很多人痛苦是因为某件事情没做成，还有一些人痛苦并不是因为某件事情没做成功，而是在他们的脑海中虚构出很多痛苦的原因。这些原因可以是已经发生的，也可以是早已过去的，甚至是还未发生的事情，更或者是根本就不可能发生的事情，却都会成为人们消沉的来源。

现代社会，时代发展太快，节奏几乎是一夜之间就从慢转到快，处于激烈竞争中的人们开始变得浮躁，忧心忡忡而惶惶不可终日。大多数人从娘胎里就已经开始竞争了，住的什么医院，吃的什么奶粉，上的什么学校，成绩如何；谁比谁家境好，谁又比谁长得好看，谁上的大学名声更响亮，谁比谁嫁得完美；你的包是名牌还是地摊上买的，你薪水是四位数还是五位数，你有没有在 30 岁以前就拥有一份金光闪闪的辉煌事业，你生的男孩还是女孩……

痛苦的来源，大概都是如此具体又琐碎，看来看去似乎却都关乎于表象，就是那些给别人看的东西。所以柏拉图在《菲丽布》里讨论快乐与智思哪个更重要时，曾说过很多快乐与痛苦都是源于人们的无限的欲望，有的快乐是假的，大而不纯粹，而有的快乐是真实的，小却纯粹。痛苦的产生也缘于此。

快乐和痛苦就是一种破坏和恢复，是结合的也是相对产生的。

苏格拉底：那我可就说了，当我们芸芸众生内部的和谐遭到破坏的时候，其自然状态的分裂瓦解与痛苦的产生也在同一瞬间进行。

普罗塔库斯：这话听起来蛮有理。

苏格拉底：饿是一种瓦解，也是一种痛苦吗？

普罗塔库斯：是的。

苏格拉底：实际快乐之前的希望将是令人愉快且欣慰的，而对痛苦的预料则将是令人恐惧和不快的。

正如冷与热，在人感觉到冷时很痛苦，热能带给他快乐；但如果此时正热着，冷又变成了快乐。正如老子说的“福兮祸所伏，祸兮福所倚”，万事万物都有它的两面性，福与祸，苦与乐，都是事物的对立面，原本是不能够和平相处的，但事物发展到一定的条件，“互相排斥的东西结合在一起，不同的音调也会是最美的和谐”。

有两个孩子：一个喜欢弹琴，想当音乐家；一个爱好绘画，想当美术家。

可是不幸得很，想当音乐家的孩子，突然耳朵聋了，想当美术家的孩子，忽然眼睛瞎了。

孩子们非常伤心，痛哭流涕，埋怨命运的不公。

恰巧，有位老人打他们身边经过，听见了他们的怨恨。老人走上前去，先对耳聋的孩子比画着说：“你的耳朵虽然坏了，但眼睛还是明亮的，为什么不改学绘画呢？”接着，他又对眼瞎的孩子说：“你的眼睛尽管坏了，但耳朵还是灵敏的，为什么不改学弹琴呢？”

孩子们听了，心里一亮。他们擦干眼泪，开始新的追求。

说也奇怪，改学绘画的孩子，渐渐地，感到耳聋反而更好。因为，他可以避免一切喧嚣的干扰，使精力高度集中。改学弹琴的孩子，慢慢地，也觉得失明反倒有利。因为，他能够免除许多无谓的烦恼，使心思更加集中。

果然，耳聋的孩子，后来成了美术家，名扬四海；眼瞎的孩子，终于成为音乐家，享誉天下。

一天，美术家和音乐家又遇见了那位老人。他俩非常激动，拉住老人连连道谢。

老人笑着说："不用谢我，该感谢你们自己的努力。事实证明，当命运堵塞了一条道路的时候，它常常会留下另一条道路。"

理查德·怀斯曼给正能量下过定义：一切予人向上和希望、促使人不断追求、让生活变得圆满幸福的动力和感情。负能量不一定全能变成正能量，却是可以转换的。没有人会永远生活在低谷，这不符合事物发展的规律。人们痛苦只是因为对现状的不满，或对未来的惧怕，非常渴望快乐却又没有勇气去迎接它。

当苏格拉底问学生：“当你听到谁说‘一切事情中最令人快乐的莫过于一辈子过得没有痛苦’，你会怎么理解这句话的意思？”学生回答道：“那他的意思就是，免于痛苦即快乐。”苏格拉底说：“这当然是不能的。”

因为没有痛苦也就没有快乐，快乐总是伴随着痛苦并存，没有对立面就没有统一体，这才是辩证法想要告诉我们的道理。运动是绝对的，静止是相对的，世界上根本不存在绝对的静止，所以人们才会在反复转换的过程中体会人生的真谛。

人生不如意十有八九，可人们对生活的渴望又如此迫切，那就代表着人们其实对未来还是充满着希望。虽然人们对痛苦的铭记程度总是大于快乐，总是记得曾经惨淡的时光和伤心的往事，如果这个无法改变，就让痛苦来映衬快乐的美好吧。等到一路坚强走过去，所有的痛苦将只化为日后的笑谈。

## 我们所向往的幸福感

柏拉图的对话录里常说到的快乐和痛苦，多数指人们肉体上的享乐与痛苦，比如身体要吃东西，要有衣服来避寒，要有恋爱方面的享受等。显然，这种片面的痛苦与快乐是柏拉图不屑也不提倡的，相反，他认为拥有理智和智思的人就不会感受到这些，并且不会受其影响。原因在于，这种因为外部欲望给人带来的痛苦与快乐，并不纯粹。

有人问苏格拉底痛苦与快乐的定义，苏格拉底说："有些人认为一切快乐都不过是痛苦的止歇，我一点也不赞成这种说法。某些快乐只是表面上显得快乐，但一点也不真实；而另一些快乐看起来很大且多样，但是和痛苦掺杂在一起，或只不过是暂时摆脱身体与精神的苦难而已。然而那些由美的事物引起的快乐，在缺乏它们时我们并不感到匮乏，也不感到痛苦，然而它们的出现使感官感到满足，产生一种并不和痛苦交织在一起的快乐。这种快乐自身是美的，它们所具有的完全不同于挠痒的快乐。”

柏拉图把快乐比作白：白是最纯净的颜色，少量粹白要比大量混合的白更白、更美、更真。即使是微量的白，但只要是纯粹的，也一定会在纯度和真实性方面胜过量大却不纯、不真的白。

快乐所延伸出来的便是“幸福”的定义。是否还记得2012年的中秋节，央视的记者询问“你幸福吗”这个千百年来一直探讨的问题，因为这个问题有了各种啼笑皆非的回答，幸福的定义便有了各种版本。城市的、乡村的，中年的、年幼的，白领的、蓝领的，幸福的答案千人千相。

央视记者：你幸福吗？

外来务工人员：我是外地打工的，别问我。

央视记者：你幸福吗？

务工人员：我姓曾。

央视记者：你觉得你幸福吗？

小摊主：嘛意思？

央视记者：你幸福吗？

小摊主：幸福（面无表情）。

央视记者：你觉得你幸福吗？

街头艺人：采访我需要人民币的，幸福就是人民币多。

在这些看起来有趣的回答背后，其实是很多人不幸福的现状。不会有人听不懂“你幸福吗”这个问题到底问的是什么，很多的群众实际上是在回避这个近乎简单粗暴的提问。

幸福是什么？没有人能一下子说清楚，但是每个人都清楚地知道自己是不是拥有幸福感。就好比那个外来务工人员，他有些消极抗拒的回应背后，是与那个城市长长的距离感、孤独、辛苦和不被接纳。

在现代社会中，很多人不知道该通过什么方式来寻找幸福感，也说不清楚幸福的来源到底在哪里。

柏拉图虽然没有明确地说明幸福是神灵所赐，但他在多部对话录中都曾多次暗示，神灵会悉心关照那些正义或虔诚的好人，和我们祖先所说的“神灵庇护”之说有异曲同工之处。而柏拉图的学生亚里士多德却认为幸福不依赖于外在环境或条件，而是依赖于灵魂的状况，幸福是“灵魂的某种合乎完满德行的活动”，并确定其为人生的目标。虽然二人对幸福的定义有所差异，但本质却是相同的，他们都崇尚于灵魂才是幸福最本质的东西。

幸福不是指享乐。享乐生活是一种“寻欢作乐的生活”，是指人们通过吃喝玩乐、不断刺激身体器官来寻求幸福感，偏向于强调欲望之满足，这种快乐转瞬即逝，人们必须连绵不断地用享乐来供给快乐。而智思生活，是“心智睿哲的生活”，偏向于强调理智之思。只有心智上真正地快乐，才能带来幸福感。

我们所追求的幸福感到底是什么呢?

首先，每个人对幸福的感受都是独一无二的，你不需要去复制别人的情绪与感受，别人也不会复制你的。你只有了解自己全部的情感与喜好，才能为你的成长提供正确的指引，才能开发最大的潜能。

其次，幸福感在于“感”而并不在于“幸福”，因为幸福的定义因人而异，同一个人也会因不同时期的需求和心情而异，所以“幸福”并没有一个明确的定义。相同的一个结果，不同的人看来是不同的版本，比如你自己认为是痛苦的，但实际上并没有那么糟，而在你父母、朋友、敌对的人看来也会有不同的视角。所以柏拉图曾说过，决定一个人心情的不在于环境，而在于他的心境。

那么幸福感就是一种感觉，它是在味觉、听觉、嗅觉、触觉和视觉等五种感官之外的感觉，是心理和意识的活动，是人的心灵感受。它不是用来让你生存的，而是让你的精神能够成长的。你赖以生存的技能可以为你带来物质的保障，却解决不了心理的问题。而是不是有幸福感，归根结底需要根治的是负面的心理和个性里最致命的弱点。

幸福感的缺失是因为人的内心不够强大，总是任由自己的情绪控制，把自己置放在一个极端的位置上。或是总觉得自己是受害者，或是总觉得自己高高在上，从此失去了正确判断自己的能力。他们还会普遍存在忧虑、多疑、嫉妒的心理情况。忧虑，为现在的事忧虑，也为早已过去了的或是根本还没有发生，甚至不可能发生的事情忧虑；多疑，被害妄想症如影随形，找不到一个可信任的人，也没有人对他们信任；嫉妒，无法接受周遭的人任何方面比他们优秀，因为会陷入神经质的心理自我平衡之中。

这个时代，很多人成功的欲望比以往任何一个时代都更加迫切，如果曾经有人以为 40 岁以上才应该拥有一份事业，现在 20 多岁的人已经急着想得到了。因为量变引起质变的过程缩短，人们的烦躁也便滋生了。

其实在幸福感的追寻中，物质的信仰是好满足的，但物质的满足也是最不可靠的。年轻时因为对未来还有希望，人们努力工作，努力存钱，买到了一款时尚的手机，为此能快乐好几天，也很乐意与人分享自己的喜悦；人到中年物质经济条件转好，人们却因为青春的逝去和对未来的恐惧以及对现状的无力感而没有了幸福感，这时候一款时尚的手机显然已经无法带给人快乐，恐怕一辆名车都起不到快乐的作用。

加拿大卡尔加里大学的心理学家波拉德·基在研究中发现，与心情放松的人相比，经常通过沉思对压力做出反应的人夜间血压下降的幅度较小，而夜间血压下降幅度小于正常幅度的人死于中风和心脏病的风险较大。一个人如果总是对往事耿耿于怀，或者对未来忧心忡忡，或者对别人的话思前想后，陷入过度忧虑的状态，将不利于身心健康。研究结果还表明，对不愉快的往事耿耿于怀将促使身体分泌一种能降低免疫系统功能的化学物质，从而降低人体的抗病能力。

人的意识是很强大的，强大到可以成就一个人的幸福感，也可以摧毁一个人的幸福感。

人的幸福感存在于内心，同时由内心的感受通过外在释放，当内心的负面情绪很少时，外在表现出来的，就是一个温和、淡定、友好和充满同情心的人。就好比一个人在照镜子，如果看到镜子里的自己并不够完美，或是愁容满面，这时唯一能做的就是改变自己，改变不了自己，也改变不了镜子里的映像。而我们的内心，就是镜子面前的那个人。

关于幸福感，从哲学、心理学到社会学，各个领域的专家都有过深层次的讨论，而近年又被重新提起，缘于现代社会里人们幸福感的缺失超过了以往任何一个年代。科技的发展，人类的进步，财富的累积，并没有为人们带来相对应的幸福感，千万富翁抑郁自杀的并不在少数，高精尖人才犯罪的比例也在增加。

因为个人生存方面的发展与幸福感的发展没有成正比，这个话题才又被重视起来，而“幸福指数”更成为学术界的一个热门话题，成为一些政府部门的实践课题。

由幸福指数引申出很多分支，如婚姻幸福指数、职业幸福指数等，无论是什么指数，我们都不需要被这些硬邦邦的数字绑架。因为这只是人们运用专门的测量工具去获得人们主观幸福感的数量化结果，而人的内心活动又怎么可能简单地测量出一个准数。

人寻求幸福感的过程，就是寻找自身精神力量的过程。我们要增强的是内在的知觉力和权威感，需要凭借的是我们的心灵，不是智力。苏格拉底说，连动物和植物都具有快乐的能力，我们也是一定会有这个能力的。

## 建立合理的欲望：别被物质牵着鼻子跑

《理想国》第四卷里，苏格拉底用干渴和饥饿为例来论证人肉体本身存在的欲望，说“每一种欲望本身只要求得到自己本性所要求得到的那种东西，特定的欲望要求得到特定的那种东西”。他同时类比人的灵魂也有三种品质，而它们之间是相反的：欲望、理性和激情。理性可以限制欲望的施展，激情是作为欲望之外的一个东西和欲望发生冲突，只有正义的人才能使得自己灵魂中的这三种元素井然有序。

哲学家的表达总是有些迂回和拗口，柏拉图所论证的内容也绝大多数围绕着他的理想城邦，他对人性当中欲望与理智的探讨却影响了后世无数思想家和哲学派系。柏拉图曾说：“一个人不应该受名誉金钱和地位的诱惑，去忽视正义和其他的德行。”而当一个人在欲望上的力量超过了理性时，人就会变得生气或痛苦。

关于人的欲望，有一个小故事：

柏拉图出去四处游历。某天路过一个葡萄庄园，看到里面的葡萄长得又大又好，正巧他感到累和渴。于是他找到庄园主对他说：“我想在你的葡萄园里摘一串葡萄解解渴。”庄园主知道他是著名的哲学家，就对他提出了一个要求：葡萄园里的葡萄可以随你挑，但是进到园里你只能往前走，不可以回头，而且你只能如你所说的摘一串葡萄。

柏拉图想这有什么难的，我是一个大学者。

于是进到庄园里，柏拉图选择了一个方向一直往前走……走了很久，他看到一串让他满意的葡萄。本来打算摘下这串葡萄的柏拉图犹豫了：“这么大的一个庄园，前面一定还有我更满意的葡萄。”他又接着往前走。

一直这样好几次，柏拉图总是想着前面一定还有更好的葡萄，就一直这样走下去……直到葡萄园的尽头。

最终，柏拉图只得到一串又小又酸的青葡萄。

人是一定是会有欲望的，正如饥饿时向往食物，口渴时向往水，寒冷时向往棉衣一样自然。然而人又不能没有欲望，因为欲望是前进的动力。正如柏拉图所提倡的“节制”思想一样，欲望须得到理性的控制，绝不能超过道德和灵魂的底线。欲望的无限延伸便形成了贪婪，而贪婪就像一个无底洞，是永远都不会被填满的，它只会将人带入无止境的痛苦和烦恼当中，甚至是毁灭的深渊。

柏拉图在《理想国》中谈到僭主制，他说僭主制就是让最优秀的部分总是处于屈辱和不幸的地位。而且，他把僭主制比作人时，说如果一个人的心灵“充满大量的奴役和不自由，他的最优秀最理性的部分受着奴役，而一个小部分，即那个最恶的和最狂暴的部分则扮演着暴君的角色”。

这样的“僭主制心灵”是要不得的，因为它必定永远是贫穷可怜，不能满足的。人在疯狂的欲望驱使下，很容易混乱和忧患，从而失去了人性中理性与正面的部分。

这是一个竞争激烈的社会，物质丰富，科技发达，日新月异，诱惑也变得比以往更加丰富，越来越多的人一夜暴富。在浮躁的气氛耸动下，人们心中的欲望就像那块不断挑逗着斗牛的红布，让人血脉贲张、跃跃欲试。明知道前方的诱惑有诸多陷阱，很多人还是愿纵身一跃。这时候的人是欲望大于理智的，灵魂在现实的金钱和物质的诱惑下仅仅成了一个抽象的概念，理智已经无法再控制肉体所做出的行为，并且回不了头。

小A上大学时读的是新闻传播系，文笔很好，上学期间就已经发表过几篇抨击社会不公平现象的文章，比如腐败问题、公车私用问题等。小A那时候的一腔热血在那所大学校园里很出名，同学们都很佩服他敢于直言的勇气，送他一个“正气喉舌”的外号，并且对他寄予厚望。

毕业后小A被分配到一个市级报社工作，成了一名负责社会新闻的记者。实际的新闻工作和他在学校里学的理论知识有很大区别，小A一度不太适应。但他是个有抱负的人，为了调查本市食品安全的问题，他几次只身前往生产地沟油的地下小作坊和多家使用地沟油的饭店进行暗中采访，势必掌握最真实的材料。

小A一直盼望着他所跟踪的这条新闻能够一鸣惊人，但上级却一直压着这条新闻，没有刊登。

一次小A在一个川菜馆做调查时，一个经理模样的人走过来找他说话。原来这位餐馆经理早就认出了小A是记者，所以才过来和他进行谈判。

对方的一席话几乎在一瞬间就动摇了小A长久以来坚持的价值观，小A发现对方虽然只是个经理，口才却直逼专业的演说家，看似温和却不容置疑，像个长辈一样苦口婆心地和小A进行了一场推心置腹的谈话。这场谈话进行了半个小时，把小A此次调查的后果利弊分析得头头是道，并且声称饭店坚决没有用过地沟油，只是用较便宜的大豆油而已。对方还说如果使用成本很高的油那将造成菜价上涨，老百姓是无法接受的云云。

谈话过后，饭店经理递给小A一盒本店特制的月饼礼盒作为中秋节礼物。经理“深明大义”地说，很支持小A调查地沟油的工作，并为他的精神佩服，保证一定尽所能地帮助他。

等小A回到家后，打开月饼盒，才发现里面除了几枚月饼之外还有5000元的现金。看着这些钱，回想起那位饭店经理的一番话，小A一夜没法入睡。他很想把钱再送回去，但又觉得没有送回去的理由，因为对方还拍胸脯保证要支持自己的工作。小A恍然大悟，原来“支持”是这样的。

小A的收入并不高，5000元对他来说不是小数目，他在纠结一夜之后便想通了。第二天他把钱存到银行里后，心里有说不出的充实感。只是，自此小A再也没有深入调查过地沟油的新闻。

小A一直暗恋着一个女孩，对方和他暧昧了一段时间后，并没有给他一个明确的答复，却很快嫁给了一个开服装公司的老板。小A很受打击，他从来没有过那么强烈的对金钱的渴望。他利用工作之便，对所报道新闻的个中关系也越来越驾轻就熟，暗中收的好处费也越来越多，人也越来越大胆。

小A这才知道自己以前痛恨贪官原来只是因为手中无权力，当人有了一定权力的时候是不可能不利用工作之便为自己牟取利益的。人一旦有了贪婪的欲望就很难收手，这种错误的价值观很快就侵吞了小A的头脑，得心应手的他全然不知自己已经处在一个毁灭的边缘。

又一次因为食品安全的问题，小A收受了贿赂做了一次不实报道，本来以为和以往一样相安无事，无奈那家食品厂影响力太大，东窗事发，将小A一起卷了进去。最有讽刺意味的是，被警察抓走的那天，小A正趴在办公桌上写一篇关于“××饭店业界良心”的文章。

小A在没有权力时痛恨特权，然而他后来的行为，却可以解读为他是“痛恨自己没有特权”。当人的欲望像藤蔓一样滋长过快，藤蔓便会很快地将人的心房牢牢封固，使人再也看不到阳光。

过分的贪欲会让人变得空虚、浮躁、爱嫉妒、仇恨、没有安全感，从而失去了真正的快乐，快乐不是要拥有的多，而是所需求的少。物质满足的只是人一时的愿望，只能带给人一时的快感，每个人最终追寻的是心灵上的自由。

猫最喜欢吃鱼，可猫又不会游泳；鱼最喜欢吃蚯蚓，可鱼又不能上岸。上帝在给了我们欲望的同时，又限制了我们实现欲望的路。我们每个人都不可能纯粹到面对任何诱惑都不动心，但我们却不能做财富、名利、美色的奴隶，一生都在攀比与嫉妒，一生都为金钱名利所奴役，永远都在追求别人所追求的，没有自身的标准，并且也完全忘记了自己真正想要的是什么。

让我们建立合理的欲望，重获心灵的自由，而不是一辈子被物质牵着鼻子跑。

## 同理心：换位思考

人有很多沟通上的障碍，都来源于同理心的不足。

就像地球上的人类总是以地球为中心来看宇宙一样，人也是以自己为中心来观察他人的。从现实的角度上看，人是不可能站在别人的立场反过来看待自己的，为此人和人一定会存在着心的距离。这种距离并不是仅仅通过语言交流或是肢体接触就能让它消失的，因此造成了人际关系的微妙。

语言是人类最主要的沟通方式，但却不是唯一的，如果人和人之间的交流只有语言，人类该有多寂寞。人们最需要的，还是心的交流。

柏拉图不管在谈爱情还是谈政治，都强调要为着品德而去喜欢一个人，要有灵魂间的交流，这其实是非常理想的状态，因为人和人之间存在着差异，很难真的毫无保留地去爱上，或者是完全理解对方的灵魂。也正因为如此，才形成世界上复杂多样的情感。

因为彼此无法真正的理解，所以人们会在人际关系中产生很多的情绪、快乐与忧愁，平淡与无味。我们都有切身的体会，当两个人因为某件事情争吵起来时，平日里做得比较好的通情达理的事在此时全部被自私取代，人们在争吵的时候也是难得能说真话的时候。之所以能争吵，就是双方都认为自己有理，如果一方已经认定自己错了，大概就不会发生争吵，否则就是强词夺理了。

如果每个人都认为自己是有理的，那么争吵的结果往往是双方都觉得比以往更有理了。

两个人发生矛盾的时候是人自身同理心最弱的时候，人们无法站在对方的角度去考虑问题，从而给自身带来极大的困扰，导致日后相见尴尬，不相见留恨，冰释前嫌就很难。人们并不会因为痛骂了别人而感到真的快乐，相反，还会因为一段感情的损伤而带来后续的痛苦。

这时候我们真的很需要有同理心。

同理心，就是换位思考，是设身处地为他人着想，是理解至上的一种处理人际关系的思考方式，是情商的一个重要组成部分。同理心需要我们能站在对方的角度去想问题，打开自己局限的思维模式，换一个角度和视野看问题，从而减少冲突与误会，多一些理解，让他人快乐的同时，自己也得到快乐。

拥有同理心是高情商的表现之一。现代社会人们已经越来越认识到情商的重要性，情商是比智商更难把握，却对幸福感影响更大的一种能力。同理心是一种爱，是基于对一份情感的信任与珍惜，是建立彼此之间信任与关爱的最好的方式之一。

我们可以运用同理心，为那些绝望的人们带来希望与慰藉，挽回因误解而决裂的关系，帮助人们重拾自信、信任与信心。

这是发生在美国的一个真实的故事。

一位小学生，不幸患了癌症，于是小小年纪的他开始接受一系列的检查和治疗。他的病需要接受化疗，化疗产生的强烈副作用也越来越大，他的头发不久便掉得一根不剩。

快要出院了，他既兴奋又担忧，因为他漂亮的头发全有了，必须戴上假发回学校上课。他开始变得自卑，觉得自己很丑，还怕自己的光头造型吓坏同学们。

回学校的那天，母亲用轮椅推着他走进教室。那一刻，他和母亲都惊讶地张大了嘴巴。

全班同学，甚至老师都理成了大光头，没有人对他的光头表现出好奇或疑问，大家都热烈欢迎他回校。

他把头上的假发扯掉，开心地返回他的座位上。

同理心并不是丧失自我，一味迎合，或过度同情，它是心和心之间友好的沟通桥梁，不是简单的认同，而是一种理解。

人，生而不同，就像没有任何一条爱情规律适合所有恋人一样，也没有什么大道理适合所有的人际关系，每个人看待问题的角度不同，很多时候并没有好坏对错之分。每个人的个性有很大差异，人们要想友好相处，必须要给彼此留下一定的空间，要站在对方的立场上来思考问题。

有很多关于“身体交换”的电影，如《男女变错身》和《当男人变成女人》，讲的都是一些彼此不理解、甚至讨厌对方的人，在神的帮助下变成对方，去切身体会对方生活的故事。虽然电影是用一个个啼笑皆非的故事串联起来的，可结局都是温暖的。神的目的最终达到了，那就是他们终于能够真正走进了对方的内心，建立了同感，理解了彼此的不易。

我们没法借助于神而交换身体，却有办法自我解救。人个性中未治愈的部分是痛苦情绪的来源，在与别人发生意见上的矛盾与利益冲突时，如果我们不再关注其他人身上缺乏什么，而是先思考一下自身是不是有一些问题，或许别人还有很多东西是自己不了解的……如此这般，人就可以开始理性思考，将干戈化为玉帛。

要在纠正别人之前，先反省自己有没有犯错，先分析一下自己的内心，看看自己有没有受到不良情绪的干扰，为自己的思维局限和负面情绪做一次改变。拥有同理心，将会让自己打破思维定式，发现转机。

不管是东方文化还是西方文化，同理心都被视为一种思维方式和道德标准，并没有与成功学联系在一起。只是同理心强的人往往人际关系很好，比较受欢迎，其自身也是比较容易快乐的人。情商高的人总是比情商低的人更容易在事业上走得更远，这是无可争议的事实，所以我们拥有一份同理心既能愉悦自己，也能宽待他人。

那么，我们如何建立自己的同理心?

亚瑟·乔拉米卡利曾在书中为表达同理心提出几个方

法。比如开放式的提问：人生不只有黑白与对错，还有除此之外的其他可能，要给对方喘息的余地，即不要太快下结论。在弄清楚事情的真相后，再去讨论也不迟，事实证明很多冲突最后解开后发现全是误会，即给对方说话的空间。不要急于表达自己的不满情绪，对方或许本来是想好好沟通的，即不要太自我为中心，或过于自负，对好的意见总是被屏蔽。

人的经历不同，所站的角度不同，高度不同，想法也会千差万别。我们不如让自己想想，如果我是某某某，如果我站在那个位置上，我是不是也会这么做？

同理心，并不是让我们成为一个懦弱的人，一味地去迎合别人的心情，毫无原则地去追随别人的口味。同理心是教人学会道德与尊重，是一种智慧，它让人能在处理问题或做某项决定时，充分考虑他人的感情以及这种感情可能带来的后果。

中国有句俗语叫“要想公道，打个颠倒”，说的就是为人处世的一种朴素智慧。任何事情都不只有一面，而且一定会有我们不了解的一面。换个位置为对方想想，设身处地地看问题，人们才能加深了解，消除误解，达到谅解，从而让自己更快乐，让心灵真正地解放。

## 无论如何困难，不可求人怜悯

柏拉图所处的社会环境是很动荡的。在他 20 岁那年追随苏格拉底后，雅典发生了社会变革。雅典在伯罗奔尼撒战争中以失败告终，僭主制推翻民主政治，但因施行暴政，僭主制在八个月后被群众推翻，雅典恢复民主政治，随后，雅典人又以莫须有的罪名处死了苏格拉底。

苏格拉底之死给柏拉图留下了终生难忘的印象，也改变了他一生的志向。他被迫离开雅典四处游历，周游地中海地区，三去西西里，只为了实施自己的政治梦想。

柏拉图经历过几种政体制度，并且在《理想国》中对其一一批判，他曾去叙拉古城讲学，却得罪了国王被囚禁，据说还被贬为奴隶，后又两次重游皆失败而归。在外人看来的坎坷，柏拉图都认为那是宝贵的财富，他从不惧怕困难，穷其一生为他的理想城邦寻找真理。“无论如何困难，不可求人怜悯”，是柏拉图关于勇者的格言，也是他自身的真实写照。

“不可求人怜悯”乍看像是一句让人自强的心灵鸡汤，但柏拉图的寓意肯定不止于此。人在面临困难的时候，不是不能寻求他人的帮助，而是不可以藐视尊严。

你是不是喜欢一遇到困境就向人哭诉自己的不幸？一有负面情绪就将自己的痛苦说给别人听？你真的从别人那里得到了负责任的宽慰和有耐心的聆听了吗？如果没有得到哭诉的目的，你会不会因为对他人失望，而让自己更加痛苦？

求人怜悯，大多数的结果是你只是在做了一个无用功。

罗曼·罗兰说过，怜悯是一笔借款，为小心起见，还是不要滥用的好。

人是可以分享情感的，但很少有人会情愿和你共同体验深沉的痛苦，那是你自己的感受，不是别人的；当面对困难时，你需要寻求的是解决的方法，而不是放低自己博取他人的同情。你被钉子扎伤了手，只有你会感到痛，别人不会感同身受，安慰也不会缓解你的痛楚。

世界上不缺乏富有同情心和同理心的人，只是他们也不太喜欢别人施加给他们的负面能量。乞求与哭诉，只是将自己对待困难的无力感得到了暂时释放而已，解决不了真正的问题，也无法让自己得到因倾诉而带来的欢乐。

人不是万能的，总会有自己解决不了的困境，总会有需要别人帮助的地方，这是正常的。就连动物都会成群结队去觅食，以求其中一方有危险的时候，同伴们能最快呼应。但乞求别人的怜悯和寻求帮助又有所不同，乞求怜悯和同情，是一种没有安全感的表现，将自己置于一个很低的位置，来盼望得到别人的垂怜和同情。

钱钟书在《围城》里有个比喻：有些人失恋了，会把他们的伤心立刻像叫花子的烂腿，血淋淋地公开展览，或者时过境迁，像战士的金疮旧斑，脱衣指示，使人敬佩。

习惯于乞求怜悯的人内心总是不强大的，心脆弱得像个劣质的玻璃杯子，无须重摔，一碰便碎片满地。在遇到不顺时，他们恨不得全天下的人都知道他们的不幸，也希望全世界都能替他们掉眼泪。其实，如果对象选择不对，你最好保持沉默也不要向根本不在意你的人诉苦。

2015 年 1 月 30 日某卫视《最强大脑》节目，“辨变脸”项目挑战者李威给观众们留下了深刻的印象。3 位画师历时 3 个月手绘了 300 张面具，挑战者李威秒速记忆，在平均只有 8 秒的变脸时间中记住 120 张脸谱，准确还原了展示对应的脸谱，其惊人记忆力令人难以置信。

但李威给观众印象深刻的，不只是他的超强记忆能力，还有他作为男人温情而又血性的一面。

舞台上，李威吐露他是为出生就患有先天性心脏病的女儿而来，他说：“在辨变脸的挑战中，那些花花绿绿的脸谱我女儿优优最喜欢了。这次比赛我真的非常想成功，因为我很想向我女儿证明，爸爸有勇气参加挑战，她也可以勇敢地接受手术，身体快点好起来。”

当有嘉宾提议要发动社会力量为李威捐款时，李威委婉地拒绝了。他说他作为父亲，自己有能力去为女儿治病，并不需要别人的帮助。如果有爱心捐助，他会如数再捐出去。

电视机前有很多人被他深深打动了。

随后，李威在网上的“致谢家书”引起网民的强烈呼应，他曾经的苦经历温暖动人，为父则强的心态更是让人佩服。网友纷纷为其女儿加油，节目中的父爱延伸成大爱，在场外依旧温暖延续。

这世界上不是所有人都愿意接受别人的怜悯，尽管有时是出于好意的。有的人喜欢扮演弱者的角色，有的人愿意扮演强者，弱者爱好博同情眼光，强者自强自立，所以面对同样的人生考验，两种人的人生境界截然不同。就像李威一样，女儿的病情是他心头的一块大石，但他依旧能尽自己所能为女儿做一切，让她健康、快乐。李威本身非常优秀，他认为作为一个男人自己一定能对女儿负得起责任，可以直面困难。

席绢在《罂粟的情人》里写过：每一个怜悯的背后，都是由庆幸来推动，借由别人的不幸来庆幸自身的平安。不要习惯于同情或怜悯他人，也不要习惯于将属于自己的伤痛公布于众，以吸引他人的怜悯。这都不是我们心灵上需要的那种情感，我们需要的是爱与鼓励，理解与原谅。

无论任何困难，都不可求人怜悯。怜悯不是帮助，它只能让脆弱的人更脆弱，自卑的人更自卑。怜悯的蔓延泛滥会让人失去自我治愈的能力。在人生的艰苦旅途中，我们还是尽力告别楚楚可怜，做个阳光和有力量的人吧。

# 第三章

# 信仰：心存希望是人一生重要的精神力量

总有舆论说这是一个信仰缺失的年代。因为信仰的缺失会使人们走错路，没有一个正确的方向，甚至酿成很多人间悲剧。而财富的增长并没有带给人们相应的满足与快乐，在万般迷茫的时候，人们开始重新怀念起信仰的重要性。有人说，信仰就如同人身体里的钙，没有它，我们可能都没有站起来的力量。

柏拉图的“灵魂理念”提醒人们要认识自己，我们可以追随着认识自己的精神力量来重塑自己的价值观，寻找自己的信仰。因为无论是为了人的本性还是生存的目的，灵魂会指引我们找到答案。

灵魂中的“善”时刻都闪耀着光芒。当我们被黑暗笼罩而找不到光明的时候，不要一味抱怨与愤慨，应该感悟自己的内心，只要相信善与信仰的存在，人人都可以成为向善的使者。

信仰是黄金，由每个人心底的善念凝聚而成，哪怕被现实碾成了粉末，经过明智思想的熔炉，信仰都可以继续存在，如同黄金一样不朽。

## 意识不纯正，学识足以为害

柏拉图说，一切背离了公正的知识都应该叫作狡诈，而不能叫智慧，一个人不应该为了金钱、名誉、地位的诱惑而忽视其他正义的德行。也就是说，一个人的智慧应该用在好的地方，维护公平公正的地方，如果只强调智体而不强调德行，人所学的知识只能成为人性的桎梏。

2013 年的复旦大学投毒案曾轰动一时。

2013 年 4 月 1 日，西方愚人节。早上黄洋喝下寝室内饮水机内的水，发现水的味道不对，认为水过期了，特意将过期的水倒掉，把桶刷干净。到十点多，黄洋开始有恶心、呕吐、发烧等症状，被导师和同学送到复旦大学附属中山医院。之后的几天，黄洋病情加重，并出现肝损伤、鼻孔出血、昏迷等一系列症状。4 月 16 日 15 时 23 分，中山医院宣布黄洋去世。

而在饮水机里投毒的，正是黄洋的室友林森浩，两人同为复旦大学医学院的硕士研究生，都成绩优异，获得无数荣誉，黄洋在被害前不久还获得了直升博士的机会。据林森浩说，两人并无什么深仇大恨，只是“有时互相之间看不惯，他觉得我没生活情调，我觉得他有点自以为是，但平时聊天也会讲到人生理想”。

可并没什么太大矛盾的林森浩却将自己的室友送上了黄泉，面对他的，也只有法律的制裁。

2015 年 1 月 8 日，案件的二审之日，时隔两年的复旦投毒案件依然余温未消，网友们热议纷纷。同一天，黄洋的父亲和林森浩的父亲都上了某卫视的一档节目，但并无碰面。

黄洋的父亲说，除了医学院的学生，很少有人知道那种毒，一般人也是不太好把握那个量的。林森浩当时投毒后也没有想到过问题的严重性，他认为在实验室里那些中毒的小白鼠没有死，黄洋肯定也不会有事，那只是一个“愚人节的玩笑”。

像林森浩这样利用专业技能杀人的案例数不胜数，故事的主人公往往拥有人人称羡的职业，或是头顶光环的行业佼佼者。可正是这些优秀的人才，在道德的课堂里却统统没有毕业。

2001年36岁的苏州某医院医生邱小强为了弃妻再娶，又怕别人说闲话，于是在两年多的时间里利用自己最擅长的医学知识，用一种叫"氯胺酮"的麻醉剂不断摧残妻子的身体，并在某一天突然加大剂量，眼睁睁看着妻子慢慢死去。

2002年，在国内做生意的顾某与广州某大医院专科中心主任、博士生导师杨某在经营理念上出现分歧，竟悄悄在杨某办公室的天花板上设置一圆柱体放射源，在自己的办公室遥控放射源辐射杨某，结果导致杨某不知不觉间感染了白血病。

TVB电视剧《读心神探》里，警长姚学琛的同学美诗，为了杀死对自己不忠的男友，利用自己平日里教男朋友的"记忆宫殿法"让其行为诡异，思维混乱，最终在天台上跳楼自杀。

如果，林森浩的父母要是知道儿子会利用所学知识去害身边的同学，他们还会培养他去读医学院吗？如果顾某不懂这么多高科技的操作手段，他也不会自作聪明，认为自己可以不留痕迹地用那个放射源杀了自己的合作伙伴。

这是一群高智商的人，拥有着傲人的学历，丰富的工作经验，还有数不清的小聪明。其实他们的学识并无错，错的是他们的意识。

柏拉图在几本关于讨论人性伦理道德的著作里，用大幅的篇章来强调“灵魂的向善性”，他从灵魂的思维实质和价值本性出发，把人界定为理性动物和价值动物，揭示了人的存在状态就是求真向善。可是智慧的灵魂却总是会受到欲望的干扰，让意识变得有了杂质，而意识又是很难捕捉和把握的东西。

当人有了错误的意识后，就会成为脑海中挥之不去的恶魔，很容易滋生蔓延，制造出可怕的后果。

就像上面列举的这几个当事人，他们在生活中大概也和我们一样，在旁人眼里都是正常的人，还要比普通人发展更好，甚至平日里是非常礼貌和友好的。可或许连他们自己都意识不到自身潜意识里那些可怕的部分。同时，也正因为他们表现得太过于正常，所以最后的行为才会让人大跌眼镜。

当一个人的优秀、专业变成了杀人的武器，这些不纯正的意识才渐渐浮出水面。这些念头是何时产生的，没有人会知道，当事人都没有认清自己的内心，围观者更是只看热闹和故事结局。如果他们自身能清楚地认识到思想已偏执，及时地节制或阻止，那我们的身边就会少了很多类似的惨案。

旁观者常常会扼腕叹息，惋惜那些才华横溢、智商异于常人，却走上一条不归路的人。以他们的聪明才智，如果他们意识纯正，不走偏门，应该都会比别人活得更精彩的吧?

每个人出生的时候都是一张纯洁的白纸，这张白纸显示不出人的贫富与贵贱、优秀与平庸。当一个人慢慢地长大了，便开始往这张白纸上涂抹色彩。为了让这张白纸变得五彩绚烂，人们极尽所能地在上面涂着各种各样的颜料，有美丽的也有阴沉灰暗的。白纸已经变得丰富，却成了一个四不像，当初用心在上面画的美好的颜色，如亲情、友情、爱情、知识、理想，已被金钱、欲望、偏执等念头掩盖。于是，人们已经找不到最先涂抹的那抹色彩了。

人人都有心灵的缺口，人性的弱点，谁没有一些小阴暗和小丑陋的地方呢？可这都不足以成为把人生路走偏的借口。每个人都会犯错，再坚持把守道德的人也会有一时糊涂的时候，我们也不会因为一个人犯了错就全盘否定了他。可是我们必须坚守自己的道德底线，有很多的错事可以得到人们的原谅和社会的宽恕，但也有很多的错事是完全回不了头的。

有的时候社会太过于重视一个人的才华与技能，把一个人的地位与成就看得过重，才会导致很多人在道德方面不重视。纵然有的人已经在平常的生活里露出一些不正义的苗头，大概也会被他们其他方面的优秀所掩盖，不会有人看到问题的严重性，也不会有人会去提醒他们。

终其原因，是因为人品实在无一个衡量的标准，而成绩和成就却是可以衡量的。人性又是一个多么复杂的东西，复杂就体现在人性可以掩盖，可以以假乱真，雾里看花，有时连身边的亲人都观察不到那种暗潮汹涌。

西方有句谚语叫“十字架挂胸前，魔鬼却在心中”。心中的恶魔若一直都存在，那么无论怎么传道布施都没有用，魔鬼会将人引到另外的一个人生方向。

好东西放错了地方，它便成了一个废物；好学识用错了地方，它也会变成祸害，而且学识越高精尖，危害就越大。当意识不再纯正，这时我们所有的才华横溢只能成为自己的墓志铭。

## 凭信仰而战斗，就有双重的武装

信仰是什么呢？谈起信仰，人们总是会自然联想到宗教信仰，宗教的本质是知觉与情感，它用来指导人们在世俗社会中的行为，让人归于本我，聆听宇宙，并为人们指明方向。

因为很多人没有宗教信仰，那我们将信仰的范围无限扩大。但丁在《神曲》里说，信仰乃憧憬之物的实质，也是未见之物的见证。《现代汉语词典》里对信仰的解释为：信仰，是指对圣贤的主张、主义或对神的信服和尊崇，并把它奉为自己的行为准则。所以信仰有原始的信仰、宗教的信仰，也有哲学上的信仰。

苏格拉底曾说，未经审视的生命不值得活。说的就是信仰，所以他宁愿以死殉道，都要去维护制度的正义。而柏拉图的灵魂观直接审视了人的本性，把灵魂看作具有生命的东西，并且主宰着人们的精神活动。

信仰就是人的精神活动，是一种主观的态度，与当下属于什么政体或是什么宗教无关，它并不是强制的行为。信仰是人对万事万物的一种终极态度，并且与道德相辅相成，它赋予道德以力量。一个人是需要信仰的，一个社会也是需要信仰的，信仰是人类赖以生存的众多力量之一，若是没有它，人不会有名副其实的品行和生命力，社会也不会有向前发展的精神力量。

在有限的人生里，我们需要建造一个属于自己的精神家园，把它当成我们精神生活的主观凭借和心灵寄托，它主导着我们的人生观、价值观、审美取向和幸福感，保证我们心灵在成长过程中的健康与走向，并且决定着生命的品质和生活的质量。

柏拉图在他的理想城邦里，构造着那个理想社会的行为准则和道德规范。他强制性地以哲学家的智慧为城邦的公民们划分了阶层并制订了正义与善的信仰。先不说柏拉图的理想政治体系是不是完美，但他在其成熟的哲学思想里强调了信仰的重要意义：作为统治阶层的哲学家们必须达到对国家最高理念的认识，要能真正地把握正义的含义。而另外两个阶层也要各司其职，各执信念，一起治理美好的城邦，否则一切都是可怕的。

社会有社会的行为准则，人有人的价值尺度，人作为社会中最小的个体，被环境影响着，同时也影响着环境。人只有在一个有秩序、有道德、是非明辨的环境中，才能为自己的生存价值找到可靠的依据，人的内心才有坚强的支柱。没有信仰是可怕的，没有信仰的人等于没有灵魂，而没有灵魂的人是不会明白幸福的含义的。

所以，我们每个人都应该有自己的精神导向，哪怕它非常的朴素和微小。

柏拉图说，若凭信仰而战斗，我们便有双重的武装。没有信仰，人做事便如同无头的苍蝇，没有方向性。信仰的力量是强大的，它能够让我们在面对逆境时保持坚强的意志，面对苦难时保持积极乐观的心态，可以让我们在追寻人生目标时觉得人生是那么有意义。信仰本身就是极大的善，它让我们的心灵得到满足与愉悦，从而让我们寻求到幸福。

电影《少年派的奇幻漂流》里，派小小年纪便比同龄人早熟，他有着看似很不明朗的宗教信仰。然而他的父亲告诉他“什么都信，就是什么都不信”。派对人与动物的共存也有着独到的见解，他去逗老虎，他认为老虎和人一样有友善的灵魂。这时他的父亲又告诉他：“你认为它非常友善，其实它只是一面镜子，它的友善只是你灵魂的投影而已。”父亲的话与派所坚持的信仰产生了很大冲突。

派的家人为了追寻更美好的生活而决定移民加拿大，他们登上了一艘日籍货船，很快船便开到了太平洋。太平洋并不太平，那艘货船遇上了海难，他的家人全部在海难中丧生，而派却成为幸存者。与他一起幸存的，还有那只叫理查德·帕克的孟加拉老虎。

而影片正是通过讲述派与那只拥有名字的孟加拉虎在海上生存的故事，来展现人的信仰与生存的关系。派一直坚信野兽有着和人相似的灵魂，可却因为父亲的那一番话而摧毁了信念。在与理查德·帕克相处的200多天里，派不断地在生存与信仰之间寻找，他代表着人性，老虎代表着兽性，狂风海啸代表着神的力量。

在面对着大自然发威的强大力量时，派向狂暴的海面发出怒吼“神出现了”，而老虎却只在挣扎求生。这时，只有纯洁的人性才能做到直接面对灾难，而平日里威猛的兽性却变得比谁都懦弱。

派在怒哮的海洋里一次次与他心中的神对话：

“你为什么要吓它？我失去了家人，我失去了一切！我投降！你还想怎样。”

“神灵，感谢你给我生命，我准备好了。”

“我挣扎着上岸，倒在沙滩上，那么暖和，那么软，就像贴着神灵的面颊，在某处，有双眼睛在笑着，看着我的到达。”

起初派对宗教信仰并不明确，他是个混沌的信仰者，同时信了三个宗教，他并不知道自己的信仰是不是正确。在漂流过程中他因为自己所遭受的灾难也一度对上帝的存在表示了怀疑。到最后他终于坚信是神支撑着他活下去的欲望，而且在残酷的考验面前，派都能在极力的求生存中保持自己的人性。

影片的最后，派对日本人讲述了两个版本的故事，那个作家和日本人全都选择了那个听起来荒谬却又富有奇幻色彩的版本。尽管更多的人更愿意相信另外一个血淋淋的版本，但这已经不重要了。这是影片给人留下的悬念，就像派说的：“这是我的故事，讲给你听就是你的了。”无论是相信美好或是残酷，这都源于人内心的信仰。

《少年派的奇幻漂流》披着奇幻的外衣，为人们讲述了一个关于信仰的故事。李安把哲学观念融入其中，把人类强烈的生存欲望与人性的冲突展现得一览无余，最后，由人心中的信仰给出了答案。影片中派的母亲倒是说对了：信仰可以帮助我们认识内心，支撑着我们的精神。

既然信仰是对神、对正义和对某种主张或个人的信服和尊崇，那么信仰也就成了人们道德的引路蜂。人对神或是价值观能够交付信任，那么人与人之间也应当存在一种信任的契约精神，这又何尝不是一种信仰呢？

信仰永远是人的精神活动，它是自由的，也是无处不在的。当我们怀抱着属于我们的信仰，坚守住了道德的底线、扫除了恶魔般的负能量、冲破重重考验到达我们的理想彼岸，并且让内心得到真正的满足与平静的时候，我们一定会感谢信仰带给我们的力量。

## 自我征服是最大的胜利

比柏拉图历史更悠久的忧郁智者赫拉克利特，早先就提出了要认知自己内心的理念，他说："我研究了我自己。"而"认识你自己"成为古希腊哲学中最重要的划时代改革之一，从此哲学家们的视角从面向宇宙转为对人的研究，从对外在的考察转为对人的内在的、人的本性的研究。

柏拉图在早期的作品《卡尔米德篇》里，曾以医生为例说明关于人对自身认知的问题。他笔下的苏格拉底对卡尔米德说："希腊的医生对许多疾病的治疗方法都很不清楚，因为他们不知道整体的健康，从而失去了对健康整体的研究。"

这种整体性就是关于灵魂的概念，灵魂才是自我认知的本质。

哲学家们研究的就是人的本质，认识自己就是回到认识的起点，回到人的起点。在你无法清楚地了解自己的性格盲点时，你所学的知识与技能变得都不再重要。赫拉克利特有句著名的话：一个人的性格就是命运。这句话经历几千年的流转传承，直到现在还被世人奉为金玉良言。

只有认识自己，才能改变自己，这就是本节要说的自我征服的问题。

很多人总是埋怨改变不了身边的某某某，觉得改造他们为什么这么困难。其实征服自己的困难更大，认知自己克服缺点的难度，才能以一种包容的心态对待身边人。惰性、多疑、脾气差、爱紧张……你真的克服了自身这些坏毛病了吗？大家都向往着战胜自我后更好的自己，但前提要有勇气将个性盲点各个击破。

柏拉图说：“征服自己需要更大的勇气，其胜利也是所有胜利中最光荣的胜利。”所有的胜利，与征服自己的胜利比起来，都是微不足道的；所有的失败，与失去自己的失败比起来，更是微不足道的。

电影《国王的演讲》里，科林·费斯演的艾伯特因为童年生活留下阴影而造成口吃。直到成年后他依旧战胜不了心理的障碍，人前不敢多说话。他的父亲国王乔治五世很喜欢他，有一次让他在伦敦温布利的大英帝国展览会上致闭幕辞，艾伯特面对着万千国民却一个字也吐不出来。他的自信心再次受到重创。

因为口吃造成的自卑让艾伯特从来不敢正视自己的理想，父亲对他抱以厚望，他却没有勇气完成父亲的心愿，甚至连医生都可以捉弄他。后来艾伯特遇到了语言治疗师莱昂纳尔，莱昂纳尔找出艾伯特口吃与自卑的根结所在，用尽方法一步步打开他的心防。

艾伯特在莱昂纳尔的治疗下慢慢克服了口吃的毛病，终于有了自信。他进行了关键时期的战时演讲，后来，他终于拿出勇气，从不学无术的哥哥那里夺回了王位，成了乔治六世。

影片最后的结果是美好的，民众们对乔治六世的转变给予了高度的认可，同时乔治六世的演讲极大地鼓舞了人民抗击希特勒的斗志。

乔治六世最后与莱昂纳尔医生成为后半生的知己，他几乎走到哪里，都会带着莱昂纳尔。因为他知道正是莱昂纳尔，让他重新开启了人生的一页。

当人们面临迷惑、恐惧、对抗、挑战时，征服自己远比征服对手更能解决问题。每个人都不希望自己的心理素质差、心理不够强大，期盼着自己不要再那么情绪化，不要那么怕羞，或是不要太浮躁，并且为这个改变努力着。尽管挑战自我的过程很艰辛，不亚于让一个有几十年烟龄的烟枪戒烟，但人们还是愿意为之努力。

在征服自我的路上，当内心开始发生某种变化时，我们就找到了寻求自我的源泉，这种洞察力来自自身，并且会一直陪伴着我们。

同样是一个演讲的故事。小芸参加某卫视的一档演说节目，提前做了充足的准备。在接近上台的那几天，小芸开始失眠，人总是处于一种亢奋的状态，半夜很晚才能睡着，早上早早就醒了。

“你看我这身衣服适合上台吗?”小芸问。这已经是她准备的第四套衣服了，每套都不太满意。

身边的朋友们一致认为衣服没有问题。这是一个演讲节目，简单大方就可以了。

“四个导师全是演艺圈的大明星，我好紧张啊。要是没有人为我亮灯我该多丢脸。”

"我该让家里人一起去现场吗？算了，还是不要了，如果我没有成功，他们肯定又要打击我了。"

"如果有导师为我留灯的话，我到时候再通知亲朋好友们看电视吧。"

等到录制节目的那一天，小芸叫了两个最好的朋友陪她去现场。因为每次录制节目的时间都是十几个小时，所以每位选手候场的时间都非常长。慢慢地，两个朋友的兴奋度已经减小，几度昏昏欲睡，小芸当然还是很兴奋，不停地用说话来缓解自己的压力。

"你看，那边那个男选手，很有名的，在国际大学生辩论赛上获得过'最佳辩手'的荣誉，我想四位导师肯定都会为他亮灯的。如果我也能晋级，他将是我最大的对手。"

"那个女孩，在圈子内应该混很久了，我在别的选秀节目上看过她。哼，老江湖了，她的舞台经验丰富，肯定会发挥很好的，而且说不定她是有背景的。"

"那个复旦大学的男选手，怎么说得那么好呀？我真希望他能有一点失误……"

小芸的两个朋友终于忍不住了，她们两个一直在安慰小芸，却丝毫不起作用。其中一位朋友觉得必须制止小芸的过度紧张，安慰又没有用，于是用激将法来激她："小芸，从来到录制现场后，你至少去了十几次厕所了吧？你的手心全是汗，你知道吗？而且你现在的表情特别僵硬，牙关总是咬得紧紧的，这个表情上台的话肯定不会好看的。你现在根本不需要管其他的选手是什么样，你现在最需要的是克服自己的恐惧，把你这种过度紧张和得失心过重的心情彻底扔掉，要不然就算所有的选手都失误了，你得个冠军也没有什么光荣的。照我看来，就你这样的状况，等不到别的选手失误，你就先失误了。”

另一个朋友说：“小芸你把这次比赛看得太重了，可在我们这些旁观者看来这就是一件普通的事情，没有人会因为你晋不晋级而高看或者小看你一眼，你就把它当成一个游戏吧。你不会是个输不起的人吧？”

“当然输得起！”小芸果然被激中了。因为被朋友们这么直接地说了一通，她的注意力已经完全被两个朋友吸引过来，暂时忘了其他的选手。刚开始她还有点接受不了朋友们说这样的话，甚至被说得眼眶都红了。可到最后她也明白了朋友们的一份良苦用心。

当紧张的情绪被发泄过后，人往往会轻松下来。小芸在上台时已经比之前的状态好很多，整体表现虽没有超常发挥，却也没有什么瑕疵，并且得到了两位导师为她转身。

世间一直都有言语无法形容的恐惧，人的感情终究有不能承受的界限，但人的精神也有无限潜能，这种潜能能实现多少，很大一部分取决于自己的选择。我们不需要在负面情绪满满的时候，非要给自己找一个参照物，也不要回避恐惧，因为真的勇气并不代表没有一丝恐惧，而是要敢于面对和克服它。

正如柏拉图所说的，人若软弱是自己最大的敌人，人若勇敢是自己最好的朋友。认识自己，就要从认真了解自己的意识和情绪开始，而克服某些心理障碍，需要我们敞开思维，不封闭自己，正视自己真实的弱点，并从中寻找征服它们的力量。

## 思想永远是宇宙的统治者

在哲学家的理念里，思具有重要的意义，它确立了哲学关于人的最高实在，表现了灵魂与思的问题具有一致性，灵魂的实在性就是思的实在性，而人之所以优于其他生物就在于人可以思想。对于人类来说，思想就是生命，说一个人“没有思想”，也是在说这个人生命的虚耗。也因为思想，哲学始终是哲学而不是神学。

对于人类来说，思想就是生命，它与感觉不同，不同之处在于所针对的事物是可见事物还是可知事物。在《理想国》中，苏格拉底和格劳孔讨论两者的不同，苏格拉底说：“感觉中的东西有些是不需要求助于理性思考的，因为感官就能胜任判断了，但是还有一些是需要求助于理性的，因为感官对它们不能做出可靠的判断。”如果一个人不用理性去思考，那就不能用灵魂牵引着心灵去把握物体的本质，就永远看不到真理。那么，人所见的快乐很可能就不是真的快乐，和谐也不是真的和谐。

关于如何才能有理性与思想，柏拉图也给出了途径。

人必须通过受教育而获得知识。知识才是思想的航船。柏拉图希望的“护国者”们必须要精通算术和算学、几何学、天文学等知识，当然也少不了会用辩证法。在他的理想城邦里，这类学科统统不可或缺。算术和算学能帮助人看到数的本质，几何学的对象能让人看到永恒的事物，三维立方体可以让人们认识到物体的厚度，而天文学可以把视角转向浩瀚的宇宙，研究万事万物的运动真理。

但柏拉图是个唯心主义者，所以不论任何知识，他的目的全都是为了寻求事物的实在性，任何学科的作用都是要“迫使灵魂使用纯粹理性通向真理本身”，而不赞成知识的实用性。他只是告诉人们思想的重要性，看待事物，要用心灵，而不是只用耳朵或眼睛。

思想永远是宇宙的统治者，便是柏拉图响彻古今的名言。这句话就是告诫人们，无论认识你自己，还是认识这个世界，伟大的含义就是回到自己的灵魂中去，回到自己的理想中去。但思想还须通过行动来发挥其作用，如果思想没有引发任何行动，思想便成了一纸空谈，理想也只能成了空想。

人总有自己的思想，这正是人自以为豪的地方。人的思想通过岁月的累积、知识的丰富在不断地变化，也因自身的思想不断地向前进步着。人能统治自己的思想，思想也能制约着人的行为，两者相互作用。

人没有思想是可怕的，一个民族没有思想也是可怕的，思想若没有美德来相伴，也是可怕的。没有思想就意味着没有创新的能力，没有创新力的民族永远只能跟着别人跑，生命力会越来越弱。而如果没有对真理的判断能力，思想就会离美德和正义越来越远。

柏拉图在他的乌托邦里，规定护国者必须由哲学家来做，但要对他们的资格层层考核。他意识到一个城邦没有思想的可怕，认为只有天资聪颖，通过教育能很好地把握正义与善的人才有资格当护国者。他恨透了寡头、民主和僭主这三种政治的不和谐之处，认为它们正是因为没有由理性、智慧和美德的哲学家来控制才导致失败。

如果把城邦比作人，柏拉图认为两者其实是很类似的。只有有思想与美德的人才能让自己过上一种幸福的生活，因为有智思，人才能不被恶或残暴等负面情绪所控制；因为有理性，人才能有能力寻求真、善、美的生活。

如果有了求新求变的思想，同时用正确的道德观做导向，人们就能重生一份新的力量，增添一份新的生机与活力，做自己事业和人生里的统治者，而不是步人后尘。

人类历史发展了这么多年，每个时期都有能够改变历史的思想体系，思想翻新的速度总是很快的。

人们总是会说“不要沉泥于旧思想，要接受新思想”，大抵就是指新旧思想交替时，人们也要随着大环境一起转变的意识。正确的思想总会推动着历史向前发展：人人平等的思想解放了奴隶。欧洲的文艺复兴促进了人类思想的解放，加快了资本主义的进程，并促进自然科学和文化艺术的发展。五四运动的新思潮破除了封建迷信，从此中国同胞们开始慢慢接触西方先进文化。

人们的进步也需要有思想这盏指路明灯。每个人都向往着美好的生活，但现实的生活却常常让人困惑、痛苦、徘徊不前，这时候就要从思想的根源上寻找答案。一个灵魂中有完整思想体系的人，往往不太会轻易被负面的思维钻了空子，它会让你思考什么是美好的，什么是重要的，什么才是自己内心所追求的。而思想内容空洞的人却常常经不住磨难，受不了诱惑，从而失去对人生方向的判断力。

正如柏拉图所说，人只有不断地求知，用正确的方法求知，才能丰富一个人的智慧。人带着智慧去看待万事万物总不会错的。一个人的思想体系总要归结到人的价值观上，在这个价值体系里，有着你的道德观与人生观，善与恶，进与退，快乐与痛苦，还有最重要的信念。

唯一能让你真正区别于他人、在生活上引领他人、境界上超越他人的，只有思想。

人们口中常说的“没思想”并不是真的没思想，而是指一些人的思想贫乏，脑子空洞无物。一个思想贫乏的人往往缺乏思考，面对眼前的事物无法明辨是非，或者甘于平庸，人云亦云，随波逐流。思想贫乏者最容易成为被有害思想利用的载体，因他们的智慧与思维无法指引他们走向一条美好的路，因此容易被恶劣思想侵蚀，或被世俗舆论影响，失去了自身的向善性。

青春期正是树立人生观最好的时期之一，无论是从课堂上学到的思想课，还是被社会这所大学给予的成长经验，每个人都已经能用较为成熟的思维来看待事物，开始慢慢地学会既能左右自己的思想，又能因此而驾驭自己的情感。这个时候需要做的，就是不要停止求知，要用智慧充实自己，不让思想枯竭，不让自己愚昧无知。

这也许并不容易，因为人的思维是有限的，我们需要不断地归零、净化，为更好的思维腾出空间，才能让灵魂回应我们最真实的需要。因为要有舍弃与接受，过程一定是挣扎的，所以才需要我们强大的信念。

已故苹果总裁乔布斯在 2005 年 6 月的斯坦福大学演讲上说："你们的时间有限，所以不要把时间浪费在别人的生活里；不要被条条框框束缚，否则你就生活在他人思考的结果里。不要让他人观点所发出的噪声淹没你内心的声音。最为重要的是，要有遵从你的内心和直觉的勇气，它们可能已知道你其实想成为一个什么样的人，其他事物都是次要的。

求知若饥，虚心若愚。

正所谓大音希声，大象无形。智者的经历，犹如他们的思想一样，或华彩，或平实，或生动，或淡然，但永远都闪耀着智慧的光芒。唯一能够穿越漫长岁月、浩瀚历史而照耀世界的，只有思想的光辉。

## 青年人面对的就业迷茫

这是因为“信仰”二字引申出来的话题，缘于几天前在网上看过的一些视频。该视频原属于一个网络的娱乐性节目，却让人看到了几处耐人寻味的内容。

某视频网站有一个自制节目《奇葩说》，在初选阶段时来了一位清华大学的高才生高树（化名）。

高树 27 岁，是清华大学新闻传播学院的一名博士生，他本科读的是法律专业，硕士读了金融，博士又转读新闻传播。高树对几位主持人表示他很纠结，不知道该做什么样的工作才能把这三个专业的特长都发挥出来，请求在座的几位节目主持人给意见。此举遭到了其中一位主持人的炮轰。

暂且不说高树本人的表达很含糊，主持人已直接提出疑问：“你一个读到博士的人了，还来问人家说‘我是谁、我从哪儿来、我要干吗？’一个人读到博士了，还问这个问题。”该主持人表示对高树的表现非常失望，作为一个名校生，还是一个名校的博士生，却一点也没有表现出名校的学生风范来。

事后，该主持人说：“名校生应该胸怀天下，成为镇国重器。名校是用来寻求真理的，而不仅仅是找一个工作，如果名校只是培养你一个技能，那名校就和普通的技校无异。”主持人说这是国内大学的现状，不只是清华，其他学校也有这样的问题。

高树最后没有被几位主持人认可，暗淡地走了。他的行为却留给几位主持人以及观众们很多思考。网络上一时之间热议纷纷。

每个国家都有自己的大学，源源不断地为社会输送着人才。每所大学都有校训，校训蕴含着该学校思想文化或某种精神的传承。没有一所大学的校训是诸如“今天学个好技能，明天找个工作”或是“某某大学，美女与财富的摇篮”，古今中外的大学都不会有这样的校训。所有大学存在的目的，都是集学术与思想于一身。

如果一个青年人头悬梁锥刺股地考入一所名校，最终却和一个技术培训学校毕业的人追求一样，那他在大学里的这几年就等于虚度了，因为他除了拥有一张有着符号性质的毕业证之外，并没有学习到名校的文化精华。

人总是生活在各种矛盾中，在矛盾中摸索与思考，当内心有两个以上相反的声音集体发声，人便容易陷入选择的迷茫。尽管是受过高等教育的青年人，同样无法逃避这种迷茫的困扰。

高树仅作为一个个例，却有着很强的代表性，在校园与社会、理想与现实之间，青年人往往不知道自己该做什么，或者硬生生将自己的境界拉低。很多情况下，他们对理想很模糊，对自己学识能力也认识不够；既把理想看得太遥远，又把现实看得太残酷，没有方向与斗志。

如果一个大学毕业生说“我要开公司当老板”，人们会赞扬他的上进心；如果他说“我从小就喜欢汽车，我的梦想是设计出一辆属于自己的汽车，看它奔跑在世界各国的马路上”，人们通常会报以讳莫如深的笑。因为几乎所有人都认为这个大学生是在痴人说梦，是在说一个笑话。

“别那么不切实际”是很多人对拥有理想的青年人的忠告，什么环游世界、要建十所希望小学，什么要拍一部关于动物保护的电影、为中华崛起而读书，全都太不实际了。你就不能安分守己一些吗？

久而久之，那个曾经说要设计出属于自己汽车的人被渐渐地同化了，身边很多人拿着道德的标准绑架他，“你不好好地做这个工作，就是不孝”，“你想想你父母好吗？”这种利用道德的高度来绑架人是最难拒绝的，于是他开始顶着压力做一份自己非常不喜欢的工作。几年后，工作换了好几个，他依旧找不到重心，除了赚的钱能糊口之外毫无建树，人也开始变得越来越迷茫。

终于，他几乎忘记了自己的那个理想。在多年后的一个国际车展上，他看着一款自己梦想中的汽车无限感慨，而这款车的设计者是和他年龄相仿、专业也相仿的人。他的理想，由别人替他完成了。

大学生的迷茫，多多少少都与所处的环境有很大的关系。耳濡目染，言传身教，因为主流价值观是偏离的，他们的价值观也会跟着偏离。就像那个在清华大学读了十年书的高树，本硕博三个专业，社会实践也很活跃，既参与过戏剧表演，也参加过主持人大赛，还参加过歌手大赛，还去过《奇葩说》和主持人们讨论人生规划。2015 年元旦刚过，人们还在某电视台一档演说节目里见过他。表象上看他红红火火成就非凡，可是网友们评论他说："成名的愿望相当明显，却不知道他到底要做什么。"

迷茫的并不是高树一个，这是一个共存的现象，没有方向的人不在少数。高树在心里是想要有所作为的，只是并没有明确的方向，还有一部分大学毕业生却是迷茫在无所为，什么都想做，但什么都承受不起。

小辛大学毕业后在家乡找了一份工作，只做了一年就做不下去了，觉得没发展。他看到在上海工作的表姐似乎发展很好，于是就萌生了跟着表姐一起来上海打拼的念头。

小辛的表姐在一家 500 强企业做人力资源主管，工作很辛苦却很开心，因为她很喜欢自己的工作，对工作状态很满意。小辛说要来上海，表姐自然是愿意倾力帮助。表姐帮小辛租好了房子，置办好了生活用品，还给他买了交通卡。等一切准备就绪，小辛才开始动身来上海。

小辛来上海初期信心满满，坚信自己一定能白手起家，然后衣锦还乡。可是几天找工作下来，一点回音都没有，他便有点泄气了。小辛想托表姐的关系，让她帮忙在她的公司安排个岗位。表姐很为难，她虽然是人力资源的主管，但公司人事部有40多个人，领导都有好几个，她并没有这个权力。表姐告诉他如果有合适的岗位一定会推荐，然后让小辛先自己找工作，积累一些经验。因为上海这边的公司是很注重本地工作经验的，所以第一个工作无论好坏，都可以当作一个锻炼。

表姐帮小辛修改好了简历，问他喜欢哪个行业，小辛说他不知道，说薪水高就行。在表姐的帮助下，小辛总算找到一家民营企业，做酒店用品的销售工作。

不到两个月，小辛就告诉表姐自己不打算在上海待下去了，要回老家。表姐以为是因为自己没给他介绍工作而让他有意见，忙问小辛为什么。小辛说了一长串的理由：上海消费太高，他的工资太低，他受不了；在家里时住的房子很大，在上海却要和别人合租；公司里的上海同事很排外，总是有意无意地欺负他；都工作快两个月了，公司都不给交四险一金；工作太辛苦，还要低声下气地求客户，他没必要受这份气；总是在外面吃饭，吃不惯而且不卫生；他每天给家人打电话诉苦，妈妈心疼得天天抹眼泪，仿佛他不是来上海而是去了非洲支援……

最后，小辛告诉表姐，家里人已经托人帮他找了一个工作，有四险一金，每年有十几天年假，不用加班，而且那个公司的老板是他爸爸同学的朋友，有这层关系一定好办事。

表姐听完小辛说的一堆理由，摇摇头，无奈地说："好吧，人各有志，你还是回去吧。"

一个大学毕业生，工作依旧要依赖父母出面，听起来多少有点心酸。人失去了方向，也就失去了自己。四年的大学生活你又学到了些什么？仅仅是为了给自己的额头上贴一张"大学生"的标签吗？如果撕去这张标签，你又能剩下些什么？那当年冥思苦想，那么谨慎地填报专业又有什么意义呢？

诚如小辛表姐说的，人各有志，志向不同，旁人讲太多道理也没有用。青年人无论是立志要建立丰功伟业还是要做好一颗螺丝钉，都无可厚非，人只要有方向就不会迷茫。只要有自己的人生规划，你就不会惧怕走出校园，也不会惧怕人山人海的招聘会，更不会提出“什么职业才最赚钱，我该做什么?”类似的荒谬疑问。

每个人都是独一无二的，你不需要去复制其他人走的路，学会聆听自己的内心究竟想要做什么才是最重要的。世界上不会有人比你更了解自己，自己都听不到内心的声音，别人又怎么能听得到?

网上有一位应届毕业生提问，求路人为他解答。他的问题是：我快要毕业了，但不知道该做什么，我很害怕走出校园，害怕面对社会，是不是该再读个研究生呢？我喜欢做销售，但是销售工作太累，而且听说销售都是底薪加提成的，是不是收入不稳定？卖一辆汽车能有多少提成呢？一个月能达到三千吗？我以前是做学生会主席的，还拉过一个赞助，这个工作经历是不是能为工作帮上忙呢？销售是不是意味着要忽悠客户？如果做上三四年我还在卖车，没有成就，别人会怎么看我呢？

其实青年人的迷茫是必然的，也是可以理解的，我们都曾从迷茫中一路走过。刚出校园，一时还未适应社会，处在思想转换的夹缝之间，人不可能不迷茫。有的人，人生观形成得比较晚，一时之间迷茫更是很正常的。

只是，人不可以沉溺于迷茫，因为久而久之会形成一种可怕的习惯，直到它慢慢吞噬了最初的理想，消磨了时光，变得越来越麻木。人不一定要过伟大的生活，却一定要遵从自己的内心，过自己认可的生活。人要学会聆听自己内心的声音，重新审视自己的感觉，试着寻找自己的方向。

“不可能”只存在于蠢人的字典里。青年人是祖国未来的主力军，所以不要惧怕，不要排斥自己的内心，不要坚持了不该坚持的，放弃了原本美好的。大学的文化灌输不够，还有社会这所学校会让你成长，不用急，这只是时间的问题。

## 领悟丰子恺的“人生三境界”

丰子恺先生说，人生可以看作三层楼。第一层是物质生活，第二层是精神生活，第三层是灵魂生活。物质生活是衣食，精神生活是学术和文艺，灵魂生活是宗教。懒得走楼梯的，就住第一层，锦衣玉食，尊荣富贵，这种人占世间大多数；其次，有能力上楼梯的，就爬上第二层玩玩，或久居于此，世间这类人也很多，即所谓的知识分子，琴棋书画，书山墨海；再有一种人脚力好，对二层楼还不满足，就爬上三层楼，他们不满足物质与精神，还要探究人生的究竟。在他们看来，财产名誉都是身外之物，学术和文艺都是暂时的美景，只有上到第三层，才知人生的彼岸。

大多数的人都挤在第一层，这里熙熙攘攘，人声鼎沸，为名为利，物质的满足给人们造成了幸福的假象。这中间有很多人是想往第二层走走看的，但只是因为艺术文化能提升他们的品位，为他们带来更多的满足，或者用艺术的包装为自己牟更多利。所以这些人即使上了第二层，也只是转转，看看是否有迹可循，不会久留。

愿意驻留第二层的人境界更高，是因为他们明白了人除了衣食住行，还有精神生活。艺术对他们来说已经不是手中的饭碗或附庸风雅的工具。他们能够真正地投入其中，做学问、做艺术，观察河水山川、花鸟鱼虫与芸芸众生，与大千世界对话，并将有感之物呈于艺术品上。大多数的人仅停留于此层。

只有很少一部分人能跑到第三层。

一个人若是想真的快乐与满足，只在第一层显然是不够的，因为那里没有人的精神世界，而快乐是属于精神领域的东西。物质容易失去，肉体本身也会老去，只有精神世界是越来越丰富的。一个人若是心存希望，至少要到达第二层。就连丰子恺先生也说了，如果有人实在上不去第三层，至少爬到二层半看看。

柏拉图的“线喻”也对人生的境界有过深刻的划分。线喻的一部分，就是指人心灵认识活动的由低到高，想象、信念、理智、理性，由下至上不断提高，一直上升到真理。柏拉图也强调只有一些人，也就是城邦的统治者

（哲学王）们在受过科学和辩证法的教育后才能达到这个水平。

柏拉图说的最高境界是指理性对善理念的把握，丰子恺先生说的最高境界便是宗教，这是二人的信仰。信仰不同，但探求奥秘的信念相同。他们做人很认真，满足了精神欲还远远不够，还要探求人生的究竟。

我们经常听到这样的话：你的人生境界实在太低了，你怎么可以只有动物的本能？所以柏拉图和丰子恺等哲人才要告诉我们：不要忘了作为人该有的境界。他们不肯做本能的奴隶，决定追究灵魂的来源，宇宙的根本，这才能满足他们的人生欲。

人必须有第一层楼的基本物质保障做基础，但人对物质的追寻往往超出自身的肉体需要。古人讲安贫乐道，说的就是一种心态，一种境界。让现代的人去安贫乐道实在太难，基本的需求是需要满足的，但过分奢求便也成了非必要的快乐和欲望。柏拉图把其称之为非法的的欲望，即指不理智的欲望。

如果物质的需求太过于旺盛，人便会不顾一切地满足自己的需求，从而产生了随处可见的人为财死鸟为食亡的故事。

柏拉图用一个比喻形容这些拥有强烈欲望的人。他说人在睡梦中是可以做一切事情的，梦境不违法，人的梦境会将人很多潜意识里的“非法”欲望展现得淋漓尽致，尤其是在一些道貌岸然的人心里。可是，有些人会在身心处于健康明智的状况下，即在清醒的状态下，去做梦里才会做的事。这就是人欲望的潜意识，从此，人在激情的控制之下，开始变得无法无天。

所以，人们的境界才需要不断地提升，只有精神与灵魂才能让人理智、正义、快乐和幸福。

可当下社会现状似乎并不是这样，生活在第二层楼的人，往往会回头去羡慕第一层楼的人。因为第一层的人的价值观影响力太大，是主流，第二层的人看到自己的生活质量和人家差很远，追求艺术学问实在太累，于是又下了楼。可是住在第三层的人，就不会再因诱惑而动摇。

住在上一层的人是能明白住在下一层的人的想法的，因为他们也曾在那一层驻留过，尽管有时候他们也会自愿降级。但住在底层的人却永远不会理解上层人的想法。当年视艺术如生命的李叔同突然放弃他热爱的音乐与油画，跑去当了和尚，成了弘一法师，文化界、教育界所有的人都不理解；李娜在歌唱事业巅峰时期遁入空门，引起舆论哗然，不少人感到遗憾和惋惜，但更多的是不解。时隔多年，再次听到李娜的天籁之声《南无阿弥陀佛》时，有些人便开始有些懂了。

人生境界本来不同，高一层楼的境界，低一层楼的人总是无法企望的。

在大多数人的眼里，只有旁人眼中的功成名就才是真的功成名就，所有的人在为一套房子拼命，房子就代表着幸福；所有的人都在为面子拼命，面子也成了幸福；如果有一天鸡蛋被拱上了神坛，鸡蛋也会成了幸福。那时候，人们会为了一颗人人都追逐的鸡蛋疲于奔命，但不会静下心来，想想这颗鸡蛋究竟能赋予一段人生多少的意义？得到它自己是不是从此就变得非常快乐与满足了呢？

生活在第一层楼的人，大多数最终都实现了他们的梦想，或者是他人口中的梦想。就是人人认为这是好的，拥有了便是好，没有便是不好的这样一个梦想。但这不是自己真的需要的东西。

我们不懂一个人在弥留之际会想些什么，或许会串联起自己的一生经历，会知足或是遗憾。如果是遗憾，该是很多想做的事都没有做吧，想看的美景没有看过吧？或是遗憾明明喜欢音乐，却做了计算机程序员的工作？或是爱好写作却一辈子没有出版一本书？或是一直策划着环球旅行，却从来没有动过身？不管是什么，应该不会有人会遗憾自己这一辈子没赚够多少金钱。

人想要真正的快乐或心安，还是要有精神追求的，否则就真的成了动物本能的奴隶。人是有思想的动物，一生都需要有精神的力量做支撑，永远都向往着美好的情感，并且也愿意去体会一些人生的真谛。

丰子恺的人生三境界，渗透着禅意，使人顿悟，并相信了信仰的力量。人们常说，看远，才能览物于胸；看透，才能洞若观火；看淡，才能超然物外。年少时心无杂念，在心中编织出一个美好的愿望，对未来充满无限向往；人到中年，历尽沧桑，看尽世间百态，有了一份洞若观火的睿智；当夕阳西下，人到暮年，所有的悲欢离合全都已经历，人应该有一种曾经沧海的淡然。

《食神》里薛家燕告诉前来算命的人：人人都可以是神仙。不管是富翁还是贫民，男人还是女人，拥有自己丰富的精神世界，便可自成高格。

## 你崇拜的偶像又是谁？

说到偶像，就不得不提到提姆·凯乐的《诸神的面具》。在书的引言部分，提姆·凯乐就说：“人心是制造偶像的工厂。”任何美好的事物都可以变成偶像，金钱、事业、名誉、男人、女人，都可以成为偶像。就像尼采在《偶像的黄昏》里写的那样，这世界上偶像比真实的事物都多。

偶像是离我们很近的一个话题，无处不在。但上面提到的“偶像”并不是我们概念中的偶像，提姆·凯乐说的是除了上帝以外的一切可崇拜之物，“人的心中要么是上帝，要么就是偶像，没有中间的状态”，带有一丝贬义。《诸神的面具》是写给基督徒的，但是，不管你是不是上帝的信奉者，看过之后都会一致认为，提姆·凯乐不仅仅是写给基督徒的，就好像童话也不仅仅是写给孩子一样。

考虑到不同人的不同信仰，以下所说的偶像，就回归到我们常说的崇拜与信仰本身吧。

偶像是人所选择和追随的人生观，有什么样的人生观就会敬拜什么样的偶像。提姆•凯乐将偶像进行了详细的划分，有政治偶像、经济偶像、宗教偶像、文化偶像等。

他告诉人们：“我们的心将某些事物奉为神明，以它们为生活的中心，因为我们以为只要得到它们，它们就可以提供给我们人生的意义和保障、安全和满足，这类事物就成了偶像……这类偶像并不能提供人生的意义、盼望和快乐，可它们却占据了我们的心，于是带给我们的只有捆绑、虚空和绝望。人类从来没有过诸事无忧……人们面临着前所未有的压力、焦虑。”

要了解一个地区的文化，就要看他们崇拜的偶像，哲学家哈尔伯塔尔和马格利特说，偶像“并不是某种仪式上的崇拜，而是感情和生活的模式”。那里的人们普遍崇拜些什么，是神还是人，是金钱还是自由，是美术还是音乐，统统都能说明问题。要了解一个人，也要看其所崇拜的偶像，那是其最真实的内心表现。他最愿意把时间用在什么地方，最愿意把钱花给谁，会为了什么而欢喜或忧伤，你就能找到他的偶像。

人心中所崇拜和追随的事物，会随着年龄和所处的环境而改变。一个人年轻时爱好运动，所以崇拜乔丹或贝克汉姆，长大后想成为一个企业家，马云便成了他的偶像。贪恋战争的政客多数会崇拜拿破仑，痴迷音乐的会迷恋莫扎特，对宗教感兴趣的会信奉神的存在，爱好电子产品的会一直追随乔布斯……偶像是人心底欲望的折射，是一个人内心向往的生活。

并不是所有的偶像都能让一个人灵魂升华，或实际教会这个人什么人生的道理，对很多人来说，偶像只是偶像，也可以是一种信仰，人们愿意无条件崇拜偶像，这就够了，偶像本来就是用来崇拜的。

很多人会说，我什么都不信。这些人号称既不信上帝，也不信玉皇；既不懂佛，也不参道；既不贪恋政治，也不痴迷文化。然而这部分人所谓的“什么都不信”只是自以为是的一种超凡脱俗，因为他们狭隘地认为偶像即是宗教信仰。而事实上，他们会信金钱，信权力，信情欲或信自己。

因为没有敬畏，所以行为不受约束。

网络上曾有一篇文章《被国人造假与异化的“成功学”》，就中国目前市场上数不胜数的伪书做过批判。这些书绝大多数是成功学书籍，以致富或人际关系为主导内容，标题夸张，作者不明，甚至打着名人的幌子做虚假宣传，为达到销量无所不用其极。

以戴尔·卡耐基为例，他虽然被视为成功学大师，可他书籍的主打思想多数是帮助个体改变自己的不良习惯，调整个体的行为模式等。但有些中国人却开始造神，他们将他的经典著作进行节选，再与其他书籍进行整合，然后重新拟定中文标题，便成了全世界各类企业、网络营销公司、保险公司等各种机构的培训必读书。

还有很多经济书籍，标榜作者是哈佛大学商学院教授×××所著，而事实上世界上根本不存在这个人。

评论还指出，现在我国流行的成功学俨然成了致富成功学，之所以这么有市场，能这么受欢迎，源于人们对成功的急切渴望和对财富的过度渴望。在成功学里，失败和挫折是坚决不能容忍的，平凡和懦弱也是要遭到鄙视的，所谓的成功，就是要经济上成功。这些人硬是将卡耐基所主导的人际关系和控制情绪的理念生生改了过来。

因为有些中国人对金钱财富的欲望过于强烈，把其视为唯一的偶像，才让这些伪书籍有了存在的理由。因为存在所以有道理，所以成功学才成了合法的病毒，满世界感染，却碰不到一个能阻挡它们的杀毒软件。

所以《诸神的面具》的副标题才会是这句话：金钱、性爱与权力的空洞承诺，以及脱离它们的盼望。

正像被成功学洗脑的很多人一样，那种鸡血式的热情给了他们太多的幻想，多年以后，他们还是他们，鼓了的是大师们的腰包。太多的人为了提姆•凯乐所说的这三样空洞的承诺，过着“为奴十二载”的生活：为房而奴、为职位而奴、为爱情而奴、为名利而奴。

人们一直追寻，一直痛苦。就像叔本华说的：生命是一团欲望，欲望不能满足便痛苦，满足便无聊。

有人以财富与成功为偶像，有人以政治仕途为偶像，有人以文化名人为偶像，也有人将爱情当成一生的偶像。

在《了不起的盖茨比》中，盖茨比把一段虚伪的爱情当成了偶像。

盖茨比年轻时爱上了一位叫黛西的姑娘，可黛西很快嫁给了一位纨绔子弟。盖茨比奋发图强成为一名富翁，并且在黛西的府邸对面建造了一座大楼，几乎夜夜都开狂欢派对，只为了能吸引黛西的注意。

虽然盖茨比住着奢华的豪宅，但他内心是空虚的，房子太大，灵魂太小，只能用拥挤又狂热的派对填补他的空虚。黛西没来这里，这所夜夜笙歌的大房子便毫无意义，过于豪华的房间就犹如盖茨比的心，看着美丽实则空洞。

终于，黛西来了，这座豪宅又散发出了生命力。只是黛西不再是以前的黛西。两人虽然旧情复燃，但盖茨比是一往情深，黛西却只是寻找激情。

因为两人的事情败露，盖茨比向黛西的丈夫摊牌，情绪有些失控。黛西在心烦意乱下开车，不小心撞死了丈夫的情妇，但盖茨比将责任全部承担。最终，盖茨比被人开枪打死，他成了最终的牺牲品。即使是在他的葬礼上，黛西都被仆人隐瞒了他死了的消息。

盖茨比总是活在自己编织的美丽童话里，尽管他也看出来黛西满眼都是金钱的味道，却依旧一头扎进去。他执意认为黛西当年离他而去是因为受了金钱的蛊惑，他却也选择用金钱来吸引黛西的目光。他的爱情的基础本就是错误的，经不起任何人性的考验。

盖茨比的偶像就是爱情，他为这段错误的爱情飞黄腾达，也为它灰飞烟灭。可悲的是，盖茨比至死都没有看到事情的本质就是虚情假义，他从头到尾都生活在欺骗中。

说到这里，已经有人在追问自己了：我的偶像，又是什么呢？

你的偶像总是能让你为其倾其所有，你试图从偶像那里得到人生的收获与内心的满足，直到最后你才发现，你的偶像选错了人。你成为它的奴隶，而它却毫不客气，从来没有给过你快乐的回报。如果你的偶像只是给了你一个懊丧的人生，那偶像到呕像也只是一步之遥。

世界上没有完美的偶像，大众吹捧的也不是真的偶像，那都不是永恒的事物。柏拉图说，我们寻找的一切真理都是要善与正义。即使你没有宗教信仰，不信神灵，也一定能找到代表着真、善、美的偶像。以心出发，以美德为准，你所敬拜的偶像才不会消失，才能为我们带来真正的力量。

## 有希望在的地方，痛苦也成欢乐

柏拉图说，有理想在的地方，地狱就是天堂；有希望在的地方，痛苦也成欢乐。

人总是会把对未来的不确定性锁定在理想与希望上，借此推动自己不断向前，人是需要这种动力的。希望与绝望背道而驰时，人是否能把自己的生活当成天堂，关键还是内心，人的快乐也来源于源源不断的希望。

没有勇气审视自己内心的人，无法真正得到快乐。因为自卑而畏首畏尾的，会始终看不到一路向前所能到达的美景；得失心过重的，会因为没有达到预期的希望值而陷入绝望；太过于现实而放弃人生目标的，会常常纠结现实与梦想之间却不敢迈进一步。这些都成了不快乐的源泉。

有人说人生就像心电图，要是一帆风顺就挂了。无论是上帝还是一只蚂蚁，都没有人能提前决定我们的一生该怎么过，或该有一个什么样的结局。我们拥有自己的选择权，我们可以选择一种积极上进的生活，把地狱过成天堂，我们可以选择在面对困境时心存希望，在痛苦的旅程中寻找快乐。成功过，失败过，富有过，贫穷过，得意过，失意过，全都是我们人生道路上或深或浅的脚印之一，我们依然会向前走。

经典电影《肖申克的救赎》，讲的就是关于希望的故事。

银行家安迪蒙冤入狱，在狱中他凭借着对财务知识的精通，不仅为自己赢得了相对的自由和声望，还为狱友们争取了物质和精神上的利益。

即使在监狱这样暗无天日的地方，安迪也从未放弃过希望，他用从班德那里拿到的一把鹤嘴锄，一把普通刻石的小板斧，二十年挖洞不止。他每天晚上挖一点点，再退出来，用墙上的画挡住。他一次次和恶劣的环境做斗争，当他从那条肮脏的下水道逃出生天的那一刻，他的自由愿望终于实现了。

安迪是淡然的，在监狱里他为狱友们播放美丽的音乐，并且为他们赢得冬日的啤酒，他的笑容淡定而缥缈；安迪又是智慧的，他有笼络狱长的能力，也暗中与阴险、自私的狱长对抗，并且在狱外将他告发；他还有办法让狱警们都依赖他帮忙解决税务问题……

安迪是有理想的，他不停地写信给州长，申请到一些钱来建设监狱的图书馆。

老布出狱后，他因为无法适应外面早已天翻地覆的现代生活而诚惶诚恐，自由来了，他却自杀了。

瑞德差点走了老布的老路，但他心中还存着一点希望，因为安迪还交代过他一些事；在瑞德早已认定了自己40年宿命的时候，安迪告诉他，无论生命如何不堪，都没有绝望的理由。他的话对瑞德是一种救赎。

而安迪却从没有放弃过希望，从不唯命是从，终于有一天他可以重见蓝天。狱中的三个人全都获得了自由，结局却大不同，不禁让人唏嘘。而这一切，正是因为有人心中怀有希望，有人却没有。

强如安迪，我们相信他就算是没有把隧道挖成功，也依旧不会放弃希望。纵然有一天他面临死亡，但谁也改变不了他内心的坚守。安迪告诉瑞德，希望是人间至善。这和柏拉图所提倡的“至善”理念如出一辙。人只有坚信真、善、美的存在，才能从命运的桎梏中逃出生天，才能让心灵得到真正的解放。

世界上，比生命更可贵的是爱情，比爱情更可贵的是自由，比自由更可贵的，就是人间的希望。

大家喜欢《肖申克的救赎》，是因为电影所表达的情绪很贴近人们的期望。安迪用他的希望之光感染着身边的狱友，那是一种救赎。每个人都有对生存的渴望和从不曾熄灭过的希望之光。就算是身陷囹圄的囚犯，世界也没有剥夺他们全部的希望。

《雪狼湖》里为情所痛的胡狼也被冤枉入狱，但他显然没安迪那么坚强。好在，胡狼的灵魂中还住着一位老狼仙，老狼仙总是在他绝望时出现，给他指路明灯。就好像人的心中住了两个人，一个负责坚强，一个负责脆弱一样，胡狼也终究得到了心灵的救赎。

胡狼在狱中被四个狱卒残忍地虐待，他和狱中的其他囚犯们奋起反抗过，但最后被狱卒制伏。重新占了优势的狱卒们便拿胡狼出气，拳打脚踢，将胡狼打得遍体鳞伤。胡狼趴在地上已经哭晕过去，他再也没有站起来的力气，只觉得悲痛、愤恨、绝望。

老狼仙出现在他的身边，把他叫醒。老狼仙试图激励胡狼，但总是无济于事。看着不争气的胡狼，老狼仙唱出那首温暖又激荡的歌曲《希望》：

出口的路不一定平坦
白日的天不一定晴朗
泪水就是浮起来的力量
受过挫败，才能成为一条好汉
一声不吭，告诉世界你有多坚强
总有一些人为你带来希望
总有一些事让你心头一暖
就是这团火，就是这点光
让你忘了黎明之前的黑暗
……

胡狼最后没有倒下，他终于明白了老狼仙所说的话，“眼泪流过后才会有力量”，只要活着就总会有希望，有希望才会有将来。

我们中的大多数人大概一生也不会遭遇到像安迪和胡狼这种程度的绝境，但是却有很多人将自己的人生之路走成了绝境。人们在到了艰苦和无助的境地时，都会情不自禁地认为自己已经身处绝境，再无绝处逢生的余地了。实际上人生从来就不曾有真正的绝境，经历了绝望与挣扎之后，困难还是需要去解决的。

希望就如一粒种子，在人们的心里生根发芽，擅于浇灌的人会让它成长为参天大树，不擅于培育的人会把这粒种子扼杀在初始的地方。

人的能力在平时看起来总是有限的，在一定条件刺激下又总会趋于无限，正像泰戈尔说的："人在必然世界里有一个有限之极，在希望的世界里却有一个无限之极。"这就是希望所赋予的能量。也许正是因为困境，才能使一个人开始认识到自己的能量，才会认识到要解决困难的欲望是多么强烈。也正因为这种强烈脱离困境的想法，使人的目标开始清晰起来。有了希望，就一切皆有可能。

如果一个人对生活还没有麻木，始终有感觉，人就不会轻易地绝望。世界上从来就没有人获得过完全的自由与绝对的幸福，只要心中怀抱希望，你的信念，会让你在痛苦中浇灌出美丽的花。

# 第四章

# 情感：美好的情感足以让人受用一生

我们在日常的生活中从来没有回避过对美的发现，但以哲学家的思维来看，我们在现实生活中看到的美往往是经验性的、相对性的或带有个人倾向性的。这些都是美的现象，并不是美的本质。

关于美是什么，虽然柏拉图并没有将这一概念系统化，但他在谈到正义与善时，总是会把美联系在一起做讨论。

柏拉图所认为的美就是善与和谐，“最美的境界就是身体的优美与心灵的优美和谐一致。”这一理论在美学的研究领域中有较大范围的共识，也为大众所认同。人们始终相信，美是真实的存在物，它实实在在地存在于万事万物中，存在于我们的心里，而人们只要意识到这一点，就一定会了解到美的本质。

## 美是真的光辉

真、善、美，是全人类永恒的理想。

这三个美好的字眼就像三个形影不离的好兄弟，总是会同时出现，它们在柏拉图的思想体系中也是一体的。关于美，柏拉图的著作里主要探讨了两点：一是美的本质；二是美与真善的关系。而柏拉图这句著名的格言就已经给了我们答案：美是真的光辉，美具有引人向善的作用和力量，善的就是美的。

真、善、美中的美并不单单指感官世界上的美，更是一种美的理念。在美学家那里，美就是哲学的一个分支，是研究现实和审美关系的科学，比如美的本质、审美意识同审美对象的关系等。

柏拉图认为，美是有层级的，由此在审美时就会产生差异。关于审美情趣的培养的论断，在《会饮篇》里有过具体的阐述，我们可以借鉴并细细玩味。柏拉图说，凡是想遵循正确的道理获得高度审美乐趣的人，就要从自己的幼年时代开始，逐步引导自己走入正轨。先从个别美的事物开始，逐渐提升到最高境界的美。好像升梯，逐步上进，从一个美形体到两个美形体，从两个美形体到全体的美形体；从美的形体到美的行为制度，从美的行为制度到美的学问知识，最后再从美的学问知识到彻悟美的本身。

审美的过程，就是灵魂升华的过程。

伏尔泰说："美只愉悦眼睛，而气质的优雅使灵魂入迷。"而无论是愉悦眼睛，还是愉悦心灵，人们对美的追求就是人之本性。好看的异性，漂亮的衣服，唯美的艺术品，壮丽的风景，愉悦了我们的视觉；真诚的话语，善良的人，爱的举动，温暖人心的文字，希望，温暖、陶冶了我们的灵魂。

但是，美和其他事物一样，存在于矛盾的个体中，那就是外在的美和内在的美。当外在的美与心灵的美产生对立时，我们往往都会首先选择心灵的美。柏拉图说，应当学会把心灵的美看得比形体的美更可贵，如果遇见一个美的心灵，纵然它在形体上不甚美观，也应该对它起爱慕，凭它来孕育使青年人得益的道理。

2015年1月16日央视的《新闻联播》“行进中国·精彩故事”栏目报道了一个老人的爱心故事。

河南开封的一位81岁老人，一直自己织毛衣捐给慈善机构。六年来，这位八旬老人织了300多件毛衣，都捐给了福利机构的孩子，但她却隐姓埋名，从不提及自己。

在报道的前几天，一位捐助者扛着一大包毛衣送到了开封市社会福利院，他说这几十件毛衣虽然不值多少钱，但却是老母亲亲手织出来的，送给孩子们穿上御寒。

当工作人员让捐助者在爱心捐赠登记表上留下个人信息时，他再三拒绝。在工作人员的坚持下，他勉强留下了老母亲的名字——李鸣，但却仍然不肯说出老母亲的住址。老人的儿子说，母亲一直嘱咐他不要声张，因为母亲觉得做这样的事并不算什么。记者不得不几经周折，通过走访毛线市场、公安户籍室和好几个社区，终于找到了李鸣老人的家。

老人不是演说家，不是名人，她不会说太多漂亮的话。当面对记者的镜头时，老人只是平平淡淡地说：“这也没啥，就是觉得这些孩子需要关爱，而我又是个闲不住的人。”

看这则新闻的时候，很多人除了被老人家朴实真切的爱心感动，还为她的儿子默默支持老人的举动而感动。如果老人有心，但儿子反对，也就不会促成这桩美好的故事。平凡之处见伟大，全家人都用平凡的举动向社会传播着正能量。

特蕾莎修女身材矮小，没有迷人的外表，但她一生致力于为穷人服务，没有人会说她不美；史蒂芬·霍金在40多岁的时候患上了ALS肌肉萎缩症，但他凭意志力依然坚持研究宇宙学说，为人类物理学做出了杰出贡献，没有人会说他不伟大。人性美，是区别于其他动物的性格特质，是潜藏在人内心深处真实和美好的东西，不会轻易被改变。人性本善，人人都有仁义之心，尽管因为习相远而使人性偏离轨道，但最终还是会良心发现的。良心发现，便是对性善论最好的诠释。

电影《蝙蝠侠：黑暗骑士》的结尾部分，小丑告诉蝙蝠侠说那两艘船上都装了炸弹，而引爆器都在对方的船上，只要其中的一方引爆炸弹，就可以让自己所在的这艘船活下来。其中一艘船上是高谭市的无辜市民，另外一艘船上是一群在世人看起来穷凶极恶的犯人，每艘船上都陷入了一场争论。市民的这艘船上，所谓的“好人”们在取舍，人性的自私与伟大在一刹那尽现，“坏人”那艘船上的情况也是如此，虽然人们纷纷催促那个手拿按钮的人快点引爆，但他却迟迟下不了手，最后一个黑人从他手中接过引爆器扔到了大海。

佛说，众人皆有佛性，美德总是自在心中。柏拉图并不是真的艺术家，很多人说他阐述起美来是很不具体甚至是有些相互矛盾的，黑格尔就说柏拉图的美学有点模糊。但不可否认的是，柏拉图是开创“唯美主义”的第一人。

柏拉图对美的最终解释归结到对于善的定义上，他为美找到了真正的终结点和归属之处，也正是这个重要的理论为后世的美学家们提供了一盏指路明灯。无论哪个美学派的理念，善都是无法忽略的重要部分，善本身才是至善至美所在，超越了和谐和智慧，是神圣而崇高的。

真与善是一种美德，是灵魂之所以美好的，最重要的两个因素。而与之相对的假与恶，却只能让人们在相处时越来越不信任，越来越冷漠。不管时代如何发展，不管我们是不是生活在一个“不要和陌生人说话”和“不要扶摔倒老人”的社会中，人们渴望爱与被爱的心情是不会变的。社会越冷漠，人们就越期待温暖，越期待真、善、美。

美是真的光辉，它终究是一个美好的字眼。无论是语言的美、形态的美、大自然的美、艺术的美，还是宽容的美、勤劳的美、知识的美或道德的美，都是人们所喜爱和追求的真谛。当一切变成了虚妄时，唯有真善与美德，才能让我们发现世间温暖的力量。

## 对柏拉图恋爱理论的误解

赵照有一首很暖心的歌曲《当你老了》，在2015年央视羊年春晚的舞台上被重新演绎。歌曲很有意境，还保留着诗歌的灵魂，它可以倾诉爱情，也可以回味青春，更可以体会亲情。

当你老了，头发白了

睡意昏沉

当你老了，走不动了

炉火旁打盹，回忆青春

多少人曾爱你青春欢唱的时辰

爱慕你的美丽，假意或真心

只有一个人还爱你虔诚的灵魂

爱你苍老的脸上的皱纹

无论是学术派还是哲学爱好者，很多人都知道柏拉图式的爱情。而柏拉图最希望的爱情，就是要爱上另外一半的灵魂。当你容颜老去，美丽不再，是不是还有人爱你最虔诚的灵魂？

柏拉图式的恋爱似乎就是“精神恋爱”的代名词，用来指那些超越时间、空间、种族，不以占有对方肉体为目的的灵魂之间的恋爱。这个观点是文艺复兴时期一个叫卡斯诺的学者提出来的，意指心灵之间的渴望与爱慕，而剔除了肉体的成分。

2000 多年来，柏拉图的爱情理念一直遭受着各种质疑与评价。而随着时代的变革，柏拉图关于恋爱的道德模式也被各种新型的两性学说所取代，关于爱情的讨论也早已从当年古希腊哲人们所崇尚的精神恋爱发展到两性私人的领地。

关于爱情的讨论，出现在柏拉图一部非常重要的著作《会饮篇》中。对话的场景是在一部伟大的戏剧之后，主客们纵情地对爱情发表各自的观感。因为讨论的是最接地气的话题，所以《会饮篇》里理论化的句子很少，成了柏拉图诸多对话录里最通俗易懂的一本。这场著名的讨论为后世人文学家们提供了宝贵的智慧财富，因为这预示着宣扬灵魂之爱的开始。

在柏拉图的观念中，灵魂要比肉体纯洁得多，这不单单指爱情，也涉及方方面面与个体行为有关的精神领域，而实际上柏拉图所提出的“精神恋爱”只是他浩瀚哲学理论当中的一小支，是他一直推崇的自知、节制、正义、善、灵魂之美等伦理观念中的一部分体现。柏拉图式的爱情是指一种对节制的崇尚，对身体种种欲望的控制，对美与真的追求。

在柏拉图看来，“为着品德去眷恋一个情人总是一件很美的事，只有驱遣人以高尚的方式相爱的那种爱神才是美，才值得颂扬。爱情在精神上相互吸引才能达到不朽和永恒，灵魂在这里邂逅，达到至高尚的美。”

柏拉图不提倡“肉体官能上的快感”，这在很多人看来是很极端的，尤其是对现代人来说是不可想象的。因为爱与欲是对立的统一，它们相互矛盾却又相互存在，人们无法想象没有肉体欲望的恋爱该如何持续，而且不符合人类的繁衍职责和家庭的伦理。

其实无论是灵魂之爱还是肉体之爱，都无法真正泾渭分明。肉体之爱给人带来身体的享受和精神的愉悦，是人们快乐的源泉之一。但是最高境界的爱情，只能是灵魂之爱，只有灵魂之间的相互吸引，才能让人有爱情的感觉。如果一个男人或女人只享受肉体之爱，那是因为，他还没有遇到能够触动灵魂的那个人。

因此，人们对柏拉图式的恋爱才存在了理解上的误区。在《会饮篇》里，柏拉图通过古希腊的神话故事揭示了灵魂之爱存在的思想根源。他并没有排斥肉体交往，只要双方的感情高尚，那么肮脏和不协调的情绪影响就能完全抵除。柏拉图所排斥的，是用肉体的欲望压制爱的心灵，影响灵魂的理智与美。因为被肉体困惑是愚蠢的，应当受到鄙视，肉体终将会腐朽，所以基于肉体之爱的爱情也会转瞬即逝。

真正的爱情要诞生于不变的灵魂之中，只要爱上一个人的心灵美才等于爱上了永恒。

以肉体为基础的爱情很容易寻觅，灵魂伴侣却是可遇不可求的。在对待爱情的态度上，男人和女人的区别并不大，人人都向往真正的爱情，甘心能被一个人折服或打动。如果能遇见一个人，可以使自己沉睡的灵魂开始苏醒，晦暗的心开始迎接阳光，生活为之改变，能够拥有这种爱情的人便是幸运的。

与灵魂之爱相对的就是激情主义。二十世纪六七十年代西方世界所倡导的两性解放，更是将传统的柏拉图恋爱观放到了对立面。性解放的思想影响颇深，其反对传统道德观念，反对妇女歧视，反对战争，提倡性爱自由与性爱的美好，甚至性爱可以是在无意识的状态下产生，这无疑与柏拉图所倡导的灵魂恋爱相去甚远。

这是时代的产物，在特定的环境下应运而生，并在很长一段时间里改变了人们的生活面貌。

但是，人类是情感的动物，以肉体为先决条件下的性革命即使有它的历史先进性，却也让人们对爱的意识更加淡薄了。而通过性解放来释放现代文明生活中所遭受的压力显然也并不可行，人们的孤独与焦虑并没有减少，人类也没有因此而走入一个更加灿烂的生活。

这时，人们又想起了柏拉图所提倡的灵魂之爱，逐渐参悟出多年前这位伟大的哲学家留给我们爱的哲理。肉体的快感消失得很快，肉体本身也会消失，只有心灵之间的恋爱，灵魂才不会因肉体的干扰而放弃思考，人才不会因此而扰乱心智。

古希腊人讲究节制的这种思想很类似于道家的节制思想。道家主张寡欲，要减少不必要的欲望，因为欲望越多越会带领人一步步走向泥潭，当然也包括肉体之欲。节制的思想用在爱情之上，就可以简单地理解柏拉图爱情理论的真正含义，才会明白柏拉图式的恋爱并没有人们想象中的那么极端。

在《会饮篇》中柏拉图认真阐述过关于爱情的力量："爱情，只有爱情，可以使人敢于为所爱的人献出生命，这一点，不但男人能做得到，女人也可以做得到。"

《会饮篇》中，有一个关于"不太有逻辑"的斐德罗叙述的故事。

斐德罗：当一个懦弱的人看到自己的爱人身处危难的时候，他一定会挺身而出，做出连珀琉斯的儿子都难以做出的壮举……吕底亚的军队全部由情人和爱人组成，所以他们总是战无不胜。

斐德罗：阿尔提卡的丈夫死去了，万能的阿波罗听到了她的祷告，便答应她可以另选丈夫的父母去死，但他们拒绝了，他们并不愿意代替儿子去死。最后阿尔提卡英勇献身，用自己的生命去换丈夫的生命。

赫拉被他们的爱恋所打动，最后同意他们可以共用一个生命，不用去死。

“爱情的力量”这个说法最早就出现在古希腊文化里。

恋爱中的男女都可以是哲学家，也都贡献过或大或小的爱情的力量，人们嘴里所说的爱情的力量真伟大指的是精神的力量，就像两性之间初见面时的爱慕，或是热恋当中为爱人赴汤蹈火做的傻事。爱情的力量大得可以让人忘记一切，却又小得眼里揉不进一粒沙。

在恋人的眼里，爱情让人忘乎所以，时间、空间、狂风暴雨，甚至世俗阻挡都不是问题，只要想和对方在一起，就一定会飞蛾扑火般地在一起。

古希腊神话故事里，有人说“一切天神的奇迹都归功于爱情”，而苏格拉底对“爱情的共相”一语道破，就是“一切对善与美的欲望”，爱情的欲望是人类“本原的追求，而非外在的强制”。就连柏图本身都没有完全排斥肉体的联系，他只是强调人的灵魂不要被肉体的欲望所牵绊。无论什么情感，只有智慧、美德和知识才是让灵魂摆脱肉体束缚的福音书，灵魂之爱的意义，也大体如此。

真正的爱能超越生命的长度、心灵的宽度和灵魂的深度，只有精神上相互吸引的爱情才是完美的爱情。虽然柏拉图总说灵魂之爱不朽，给了我们对爱情很高的期望，但人们并不愿意用永恒来束缚爱情本身的自由。如果有一天，灵魂之爱也会如烟雾般飘逝，你能挽留的，便是永恒的回忆。但你一定要相信，你曾拥有过一份美丽的灵魂之爱，你的生命就不再虚妄。而作为拥有爱情权利的你，实在无法辜负上天这一番美意。

## 男女平等的爱情观

阿佛洛狄忒的儿子小爱神卡洛斯，是柏拉图笔下精神之爱的代表，他处于“任何常态和可描述的形态之间”，是美与和谐的力量，而这种力量正包含了爱情、欲望与意志力。在《理想国》中，柏拉图曾说过最美的境界就是身体的优美要和心灵的优美和谐一致，显然，爱与美之神阿佛洛狄忒便完全符合了这一点。

柏拉图的爱情观扎根于特殊的希腊社会背景里。《会饮篇》中柏拉图杜撰了一个故事：原始世界本来有三种人：太阳孕育的男人，大地孕育的女人和月亮孕育的阴阳人。每个人的能量是现在人类的两倍。宙斯为了削弱人类的力量，便把人类劈成了两半。

所以，人生在世，人们一直都在寻找自己的另一半。人们口中常说的“另一半”便由此而来。有男人寻找女人，也有同性之间的相互寻找，这些都是平等的。

所以，爱情中的双方总有某种类似的东西，你会发现你与你的爱人在很多方面惊人地一致。这实际上是人类原始状态的残余，人类原本就是完整的，爱情中企盼和寻求的正是这一种最初的完整性。

“精神的恋爱”与“恋爱中的男女平等”是柏拉图最重要的两个爱情理念。在生前或死后，每对男女都是观念世界里完整的人，后来被一分为二，所以并没有哪一半重要、哪一半不重要一说，两半都是平等的。而且，世界上也只有一个人，才是你最完美的对象。

那么在爱情中，男女就该是平等的，两个人都是主角，不存在谁依附谁，谁从属谁，或是谁强谁弱的关系。

其实在古希腊社会中，男女之爱的推崇度高，甚至没有男性与男性、女性与女性之间的恋爱推崇度高。成年男人对于貌美少男的热爱往往高于女人，而女人和男人之间很难有真正的爱情。婚姻与爱情是相互对立的观念，这早在古希腊就已经有了。婚姻中女性是男性的附属，而且仅仅是一个符号而已。

所以柏拉图的爱情理论才有着划时代的意义，了解了这一点，人们就不会再粗浅地去理解柏拉图式恋爱和惊讶由此引发的一大堆光怪陆离的故事了。柏拉图倡导爱情由心而发，注重心灵的沟通，认为只有从美好道德与灵魂出发的爱情才是值得歌颂的。女人对于男人而言不存在依附或占有的关系，爱是自发的、平等的，双方都有主动权。

几千年思想的日新月异，似乎早该令观念推陈出新了，但现实状况并不容乐观。毕竟影响我们更多的是几千年根深蒂固的思想。现代社会里，有多少女性已经穿起了时尚的高跟鞋，却依旧走着一条陈旧的大路？男女爱情观念的进步速度远远低于社会发展的速度，不少女性依旧将爱情和婚姻当成是一种生活的保证。在爱情中，人们注重的更多是物质条件的满足，而不是两人的灵魂是否真的契合。

网上有人写过一段关于现状爱情观的话，言辞之间流露出诸多的无奈感，作者说："现在耳朵里听到的爱情故事，几乎都以学历高、工作好、职业有前途、家境不错、是本地人、城里人、有房子、有车、有五险一金等为前提条件了，我已经很久没有听过一个人想结婚，是因为'好想和另一半在一起'。不仅女人为自己找'长期饭票'，男人也开始找'长期饭票'，所有的爱情就是条件换条件，条件差的找了个条件好的，会被认作是中了福利彩票。"

在爱情中，女人如果遇上一个各方面条件都优于自己的异性，会首先将自己置于一个弱势的地位，因此再也无法去要求平等。可纵使是这样，很多女性还是非常乐意，这时候她们注重的不是自己的内心感受，而是物质的满足与精神上的满足。可这种"精神满足"并不是精神上真正的愉悦，更多的是一些表象上的满足，比如虚荣心。

可喜的是，已经有越来越多的现代女性有了新的觉悟，她们不再甘愿当男人的附属品，而是勤奋学习，努力工作，不再认为男人必须养家，女人只能在背后默默做贡献。女人思想独立，工作出彩，目的不为做女强人，只为将自己打造成一个有价值感的女人，在遇到任何一个优秀的异性时，自己依然不用去卑微地仰视他。

有人说，只有自己穿暖才能真的暖，靠人取暖永远是不够的。只有在爱情里搭建出男女双方平等的基础，爱情才有机会上升到心灵上对等的交流。经济基础决定上层建筑，爱情的双方若是因为物质的不平衡而产生心里的不平衡，整日为身外物所累，爱情的感觉会很快消失殆尽的。

平等的爱情会让彼此有更多自由的空间，即使在婚姻中，人们也不该将爱情看作一种占有。谁都无权占有与控制对方，因为彼此都是自由的个体。而爱情要想延伸到幸福，自由与平等是唯一的途径。人需要呼吸，爱情也需要呼吸，没有自由的爱情与婚姻，终将成为情感的牢笼。

可是，很多人宁愿要一个被禁锢的爱情，也不愿意以一个自由个体的身份与伴侣平等相处，归根结底还是因为物质的欲望过重，被舆论的价值导向所牵引。虚荣的女人是金钱的俘虏，虚荣的男人是权力的俘虏。物欲打造了虚荣心，舆论又放大了虚荣心，虚荣心就成了被扭曲的、夸大了的自尊心。

女孩小C去美国读研究生。在出国前，她有一个青梅竹马的男朋友，从高中到大学毕业，他们相恋已经6年。小C家境很普通，所以男孩为了小C出国砸锅卖铁，工作之外还当家教、做网络兼职，每个月的收入自己仅留一点生活费，其余的全部汇给远在国外的小C。

小C在美国吃了不少苦头，她受周围朋友们的影响，价值观也慢慢改变了。她觉得男朋友给不了她未来，即使再努力打拼，他们也就只能过得和普通人一样。小C几次想和男朋友提出分手，但都开不了口，而且，她还一直接受着男朋友的经济援助。

随着研究生毕业的时间越来越临近，小C开始为如何留在美国做起了打算。为了得到美国签证，她用了很多朋友们教她的方法，其中就包括找美国人结婚。而这一切，小C的男朋友都被蒙在了鼓里。

小C最后找了一位美籍华人，很快便结婚了。那位美籍华人并不是富翁，属于中产阶级，而且年龄只比小C大几岁。小C自认为找到了一个好的归宿，可没想到的是，她的丈夫对她隐瞒了之前的婚姻史。上一段婚姻，他就是因为对妻子家暴而被起诉离婚的。

那位美籍华人知道小C的软肋，所以不管他说什么小C都咬牙忍着，两个人从未有过心灵上的沟通，那短暂的恋爱过程，也被她丈夫掩饰得很好，现在看来仿佛成了一种讽刺。

小C开始怀念曾经和自己在一起时对自己体贴入微的男朋友，但她惧怕丈夫，同时也不好意思再与前男友联系。等过了一段时间小C终于鼓起勇气再次拨通前男友的电话时，对方告诉她，身边已经有了新的伴侣。

故事是个例，我们不负责宣扬悲观的伦理观念，只是类似的故事听过不少，才拿来作为案例。如果爱情以交换为开始，就会以交换做结束。你对爱情的初衷只停留在物质或权力上，那么就不要再期待对方能与你有心的交流，也不要期待对方能爱上你的灵魂，更不要奢求婚姻双方的对等关系。因为，你从一开始就已经将自己置于弱者的地位了。

你可以因为某方面优秀而制人，也会因为某方面贫乏而受制于人。

所以，柏拉图式的恋爱成了一种理想化的爱情，很多人都觉得那太完美了，完美得不切实际，遂不敢触碰。男女的公平，灵魂的交流，比物质更难追求。柏拉图式的爱情观念，意在提醒人们，要将爱情中对外在或肉体欲望的焦点转移到精神中来，因为灵魂才是爱的基础，灵魂对等的爱情才能建立起心灵的沟通。物质会散，肉体会老，只有精神才不朽，爱就是对不朽的期盼。

正如柏拉图所说，爱情能使人升华。爱情和其他任何事物一样，哲学家们更愿意去看到的，是爱的本质。女人不是从男人身上摘下的一根肋骨，男女本是被分裂的两个相同体，只有两个平等的灵魂对话，才能实现爱情真正的含义。任何脱离爱情本身而因为外在条件引起的不对等，都经不起时间的考验，都无法实现人们所追寻的那种最美好的情感。

## 友谊与生活的关系

古希腊和古罗马关于友谊的著作很多，因此友谊是西方古典哲学体系里很重要的一项思想资源。柏拉图的对话录《吕西斯》便是最早对友谊进行哲学探讨的著作之一。

那么，谁是朋友？爱与被爱者可不可以成为朋友？同类之间是不是朋友？朋友需要相合吗？

柏拉图认为，一个人要具备一定的知识和智慧，才能被委任做某些事，才可以按照自己的意愿去做一些事，这是朋友形成的首要条件，也是柏拉图所说的“政治共同体”所形成的条件。

除此之外，友谊的形成还需要很多的条件。比如相互喜爱，就连德谟克利特也说，思想感情的一致产生友谊。但这样一来，友谊就会涉及交互的关系，那如果一个人喜爱另一个人，而另一个人却并不喜爱他，甚至厌倦那个喜欢自己的人，这种关系是不是应该被称作友谊呢？爱与被爱，会产生两人之间的不对等和不平衡的关系，所付出的真心实意就不可能完全得到回报。所以这个论断并不完全成立。

那是不是同类型的人就是朋友呢？苏格拉底依旧推翻了这个观点。这个并不难理解，友谊并不是一种对立的一致，这种“统一性”并不足以建立友爱关系，因为敌人的敌人不一定就是朋友，友谊是存在一定的差异性和需求性的。所以苏格拉底最终强调了善的观念。友谊的本质就是善，城邦的本质也是善，善是最可爱的，善不会因为外在的条件而改变，它可以与其他东西共存，但本质却不会变。

柏拉图的友谊观念最终归属到他一直发扬倡导的美德那个领域里，归属到他治理城邦的政治理论里，实际上他的友谊论开启了政治哲学的传统。因为在那个时候，不论是在希腊还是在别的地方，拥有许多朋友是政治成功的一个必要前提。就像我们常说的同志和革命友情一样。关于此点，在亚里士多德关于友谊的著作《伦理》中也有回应，显然古代人的伦理就是一种城邦政治的伦理。

《吕西斯》直到结尾都没有给友谊下一个确切的结论，

连苏格拉底都说他不知道友谊到底是什么了。这很符合柏拉图一贯的对话录风格，因为他认为凡事若是只看相对知识而不能回归到事物的本质，是很难下一个结论的。这是绝对理念与现实世界之间的矛盾，但柏拉图针对友谊提出的几个命题却影响深远。

有社会学家说，人很多的幸福感均来自友情的存在。友谊是一种特殊的情感，它不同于血缘关系的亲情，也不同于缔结关系的爱情，它是基于共同性的一种情感。虽然柏拉图也承认了友情并没有一个定义的归属，但无论什么类型的友谊，都需要产生友爱的两个人中间有很多的共同特质。

但无论是同类还是不同类，很难说一个慷慨的人就一定不会和一个精于算计的人成为朋友，正直的人也有可能会和一个邪恶的人找到某些共鸣，性格活泼外向的人也会和内向沉稳的人惺惺相惜。但无可否认的是，这些表面上看起来相反的人，他们之间还是会有很多共同的特点。就像柏拉图最后提到的友谊本质一样，友谊最终是趋于对善的追求，两个人之间的相处，都是基于对原始善意的向往。

友情和爱情一样，发生与存在的理由似乎有迹可循，却又没有什么原因，就算你回忆不起来友谊发生的时间地点，也能记住两人相处的许多画面。因为友情是心灵的共鸣，随着一点一点的相处，最后水滴成河。

人作为社会里最小的元素，行为与情感却能折射出整个国家的诚信状态。人们之间的友谊真诚度越高，美好的友情就越多见，这个社会也就越真诚；相反如果人与人之间总是尔虞我诈多过以诚相待，自私自利多过大公无私，那这个社会的常态一定是出了问题的。没有友谊的社会是暗淡无光的，每个人的面孔都将成为麻木又没有情感的画像，心将成为自我保护欲极强的城墙，整个城市将犹如一座没有温度的废墟。

有位名人说过，友谊是一种温静与沉着的爱，为理智所引导，习惯所结成，从长久的认识与共同的契合中产生，没有嫉妒也没有恐惧。这句话很好地解释了柏拉图所说的友谊论点，那就是城邦共同体的问题。在一个国家里，无论是帝王将相还是草民众生，全都拥有属于自己的友情。人们常说先有圈子再有文化，也是相同的道理。

每个民族都很注重公民的精神文明建设，而真诚的友谊便能为此锦上添花。你把快乐分享给朋友，你将得到双重快乐；你把痛苦讲述给朋友，你将被分去一半痛苦。除此之外，友谊还可以增进彼此的智慧，良师益友间的长期相互影响，会使人变得更快乐，内心更强大，知识更丰富。一加一大于二的故事，并不只适用于爱情。

社会的进步并不只是科技的发展和物质的丰富，还要有一个健康的精神状态。国家如此，人也如此。每个人作为社会的一个小分子，要做的就是回归内心，从心出发，真诚地对待身边的朋友，让人类美好的情感不要在此夭折，让真诚的友谊升华我们的幸福感。

## 朋友能拓展你心灵的宽度

关于朋友，柏拉图有句著名的格言：生活中若没有朋友，就像生活中没有阳光。正如爱情一样，友谊的交往也从心灵之间的交流开始，同样来自灵魂之间的相互吸引。如果一开始纯洁美好的爱情，后来因为慢慢有了肉体、物质欲望和家庭等牵绊和干扰，变得不再那么纯粹了，那么友情就相对来说更简单自由得多。

柏拉图对友谊的一个著名观点和我们的古人异曲同工，他说："友谊是公平的共同体。"而礼记曰："同门曰朋，同志曰友。"所以朋友之间一定有很多相同的东西，有了这些共同点做基础，人和人之间才有可能成为朋友。

汉字里，"朋"字是两个相同的"月"字，意味着朋友之间的共同与平等关系。平等，有共同之处，才是成为朋友最基础的东西。

我们都知道柏拉图式的爱情，现在还流行一种说法叫柏拉图式的朋友，就是指单纯灵魂间的交接与沟通，没有物质与利益束缚的那种纯洁的友谊。双方有着共同的"爱智之学"，共同的志趣与理想。

历史上有几个伟大的友谊被后人津津乐道，比如羊角哀和左伯桃的生死之交、张横和孔融的忘年之交、管仲和鲍叔牙的同命之交、马克思和恩格斯的革命友谊等。

但是问题又来了，人人都说朋友要志同道合，可个性相似的人又往往容易产生嫉妒、矛盾等心理，坊间就有人深究过，说你最讨厌的那个人，你身上一定也有他所拥有的缺点；如果是性格相反的人相互吸引，或许能起到一定的互补作用，可也有很多格格不入的地方。

所以友情作为人类重要的情感之一，却和爱情一样没有一个标准的定论。前一节说过，朋友之间的共同点并不单单指性格上的共同点，因为性格也是不能一概而论的，比如说，有人说张三和李四都很外向，“外向”就是一个比较模糊的概念，两人都外向，但两人肯定又不一样。共同点还包括共同的价值观、共同的爱好、共同的社会背景、共同的学识，等等。

凡是情感的范畴，就没有任何一条规则和道理能适用到每个人，所以柏拉图才没有在《吕西斯》的结尾给“友谊”下一个明确的定论。连他都刻意不辩证清楚的事，我们又岂能简单地下个定义呢？

抛开纷繁复杂的学术逻辑，我们更愿意看到关于友谊简单却真实的归纳。

西塞罗是个折中主义的哲学家，他深受柏拉图、亚里士多德等学派的影响，很注重人们灵魂之间的交流。在他的著作《论友谊》里，他说：“友谊是出于一种本性的冲动，而不是出于一种求助的愿望，出自一种心灵的倾向，而不是出自对于可能获得的物质上的好处的一种精细的计算。”他与柏拉图所坚持的友情观点是一样的，就是友谊要以德行为出发点，没有德行，友谊就不可能存在。

友情，就那自然而然地形成了，就和爱情一样浑然天成，从心灵出发。不需要刻意，也不需要违心，不分职业，不分年龄，也不分性别，真挚的友情往往能跨越一切鸿沟。而在友情面前，我们又是可以自由选择的：我们无法选择自己的出身、小孩、相貌，却可以选择我们的朋友。我们有结交的自由，也有断交的自由，喜欢就交往，不喜欢就分开，亲疏随缘；我们可以选择朋友的数量，也可以筛选朋友的质量，一切都可以自行做主。

很多人都向往着高山流水般的知音，其实知己难求，大多数人一辈子都可能遇不到，所以不必强求。但生活中有很多朋友虽不那么知心，却能够做到彼此尊重，有义气，能互助，不以功利为目的，不以攀比为己任，不刻薄，多坦然，这就已经是可以相交的朋友了。

我们身边很多朋友都属于这一种，你和他在一起总是能够轻松快乐，能够接近最真实的自己，不需要说太多漂亮的客套话。而且他总是让你受益匪浅，如此种种，实属难得，就算不断琴鸣誓，也是接近知音的友情了。

对待朋友，真心才是最厉害的技巧。

朋友之间需要宽容，人们总是习惯性地对朋友要求过高。每个人都期待能碰到良师益友，可真的良师益友出现在眼前时，人们又开始小心翼翼起来，将自己的内心封闭，患得患失。成为朋友容易，难的是相处，我们只要把对方当成正常的、也会犯错误的人，就不会处处对朋友横挑鼻子竖挑眼；只要摒弃自己是个受气小媳妇的心态，对待朋友用一个正确的态度，才能让友谊长久。

朋友之间应该淡如水，闹哄哄的友谊往往不会长久，无论任何情感，保持一定的距离绝对是让人舒服的相处方式。朋友之间可以有物质和利益的往来，但却不能以功利为目的，以利益为目的的开始，也会因为利益的失去而结束。永远都不要拿这些去考验朋友，考验人性的结果通常都两败俱伤，毫无意义。朋友之间需要彼此的信任，信任才是友谊可以持续下去的基本，任何占有和多疑都不利于友情的继续。

好的友谊可以拓展一个人心灵的宽度。大多数人的思维都是有局限性的，总有我们想不通的道理，解决不了的难题，未探知的学识，不会做的事，以及无法控制的情绪。好的友谊可以在这些方面可以帮到我们，因为两个人的眼睛看到的总比一个人看到的多，两个大脑的容量也总比一个大脑大。

亲情是人们最宝贵的情感之一，而身边最亲近的人却不一定是最了解你的那个人，就像苏格拉底在《吕西斯》里反问那个美丽的男孩吕西斯一样，“你的父母是不是尽可能地让你快乐?”所以，我们的灵魂深处才需要除亲情和爱情之外更加丰富的情感和更宽广的思想。

友谊因此应运而生。

真正的友情，可以包容彼此的优点与缺点，又能及时地阻止对方做错误的事，走错误的路。朋友会真诚地倾听，并负责任地给你最中肯的意见，而不是和其他人一样永远敷衍你。朋友的话可能不那么悦耳动听，因为朋友之间不需要谄媚。所以当时正在意气用事的你可能完全听不进去，可事后总会惊觉到那么多人说的话里，只有朋友说的是真的为了你好。

人们经常说男女之间没有纯粹的友情，异性的友情，不是爱情的开端，就是爱情的残余，或者就是爱情本身。但男女之间依然可以有真的友情。不可否认，异性的友情或许并不那么纯粹，毕竟异性之间一定会有性吸引力，可只要两个人能用理智将友情控制到有益无害，友情是完全可行的。

不过关于异性的友情能长长久久的案例却不多，这倒不是说男女之间的友情一旦升华了就是爱情，主要的阻碍还是来自性别本身以及年龄。大多校园里是死党级别的异性好友都在其中一方有了伴侣后，便降级成为普通朋友，其主要的原因是：一方要避嫌，一方妻（夫）管严。

普罗大众对友谊的定义，大都只是觉得多个朋友多条路，包含了不少功利的味道，这本也无可厚非；也有人说朋友之间肯定会有物质与欲望，很多曾经很好的朋友因为利益之争而变成了路人甚至仇人。其实这些困惑，仅仅是因为很多人没有深切“友谊”二字的含义，并不理解什么是真的友谊。

浮躁与冷漠，物质与现实，这些从来都不是我们所处时代的专属，许多国家和时代都有这些弊病。对于友情，我们只需要在内心深处坚信它的存在，拥有时加倍珍惜即可。

## 美德也包含对父母的爱

说了半天美德，美德到底是什么?

美德教育随处可见，连小朋友们都会给出一连串的答案，比如尊老爱幼、勤俭节约、吃苦耐劳，等等。在人格心理学上，美德的概念是指：凡是可以给一个人的自我增添力量的东西，包括力量、勇气、自信等，都可称之为美德。在积极心理学中，美德是性格优势的上位概念，不同的性格优势可以汇聚成不同的美德。

柏拉图曾在《普罗泰戈拉篇》和《美诺篇》两部对话录中深入探讨过这个问题，但这并不是我们讨论这个题目的主要原因。网络上曾经有一条社会新闻，新闻里说这几年父母状告儿女们的案子呈越来越多的趋势，多数都是因为儿女们在有能力赡养老人的前提下，却对老人置之不理。有的儿女虽多，却都推三阻四，老人们就像皮球一样被踢来踢去。

照我们的既定观念，父母对孩子往往都不求回报，其爱之伟大相信我们每个人都有切身体会。能让父母将自己最疼爱的儿女们告上法庭，可想事情的严重性和复杂性。虽然新闻只是新闻，围观者并不知个中真实原委，可每每见到血浓于水的亲情之间对簿公堂，还是让人心生感慨。

新闻呼吁，孝敬父母是中华民族的传统美德，年轻人不要忘记这一美德。而且老人们的要求其实都很少，温饱足矣，但作为至亲的子女们居然都做不到这么简单的要求。

说到美德，我们都知道孝敬父母是美德，却从未听说爱护儿女是传统美德，原因在于前者带有一种呼吁与教育的意味，而后者根本无须教导。每对父母对儿女的爱都是出于本能，付出也是超乎想象的。

所以，我们又不禁想到柏拉图在《美诺篇》中极力论证的一个话题，美德是不是可以传授的？可能现代人会觉得柏拉图的观点有些可笑，有人会说：“什么美德是不是可以教，什么美德是不是灵魂的回忆，都有什么关系呢？我们也在学校里读过思想品德，也被教育过要德、智、体全面发展，还被灌过不少心灵鸡汤。美德，我们都有。”

这就引申出一个问题，美德需不需要教？那孝敬父母为什么要教呢?

存在即是理由，从古至今社会都呼吁人们要孝敬父母，正是因为在这方面普遍做得不好，起码子女对父母的爱远远抵不过父母对孩子的爱，所以才需要呼吁。只有未完成的事业才会让人们一直喊口号，就好比妇女解放，爱护环境，什么时候妇女真的解放了，人人都把爱护环境当成一种本能了，这些口号自然会消失。

遗憾的是，“孝敬父母是中华民族的传统美德”这个口号喊了几千年，依旧存在着。这是一个未完成的事业，人们并没有将这一种美德做得很好，那些宣称自己拥有美德的人，也没有做得很好。

关于美德的本质是什么，从苏格拉底到柏拉图，直至后世的伦理学家们都无法给出确切的定义。柏拉图在《普罗泰戈拉篇》中讨论未果，在后来的《美诺篇》中依然讨论未果，但他却为后世人留下了几个值得思考的问题。

苏格拉底坚信美德的存在。人们在讨论善良、正义、节制、道德时，实际上说的是同一件事，只是同一件事的不同表现而已。美德是很多元化的，一个人身上不可能拥有所有的美德，这些美德甚至是相互冲突的。这也是为什么美德难辩的原因。

于是，我们再次回到孝敬父母这个传统美德上来。

这同样一言难尽，因为一涉及家庭伦理，就会陷入一个公说公有理，婆说婆有理的无限循环上来，连清官都不断家务事。比如旁人认为某人很不孝，可他觉得自己做得已经很好了。他能列举出每次给父母送过的东西和帮他们做的事，以此作为自己孝顺的铁证。

这是相当可笑的，父母对儿女的付出无法条条列举，因为多如沧海根本列举不了。儿女们凭什么拿数字来衡量对父母的爱呢？这些数字多半是寻求心理安慰用的，或是给别人看的。这类儿女真应该好好地去学习一下什么是美德。

其实，即使没有美德的准确定义，我们也不能因为无知而放纵行为，因为这并不妨碍我们对美德的理解。“美德”是一个美好的词汇，是美好与道德的结合，这是不可争议的事实。

美德是人身上一种有着丰富特点的品格特征，正是这些特征将有德之人和无德之人区分开来，并且指引我们的行为活动，指引我们形成道德的行为习惯。

美德的实施一定要有行为要素，也要有情感要素，这是美德得以发挥的基本要素。父母为儿女们做的一切付出即是行为要素，所依托的亲情便是情感要素。当听说有人建议要将“常回家探望老人”写入法律，用法律来强制儿女们回家探望父母时，孝敬父母变成了一种被动的责任与义务，这与原本该有的情感要素越来越远。

网上有一句话很温暖：我其实没有什么让他们自豪，可父母却总以我为傲。我们在父母的担忧与唠叨中长大，又在父母的牵肠挂肚中远行，无论我们是不是真的那么乖巧与优秀，回报父母的是不是真的足够让他们很好地生活和满足，我们依旧是父母心头的宝，一点点不起眼的成绩都能让他们幸福和骄傲。

在苏格拉底之前，古希腊的智者们都称美德来源于神赐。柏拉图认为美德来源于回忆，即灵魂不死，德行也会通过转世相传，而亚里士多德认为美德是在每个人身上养成的，既不是出于自然也不是反自然，是自然赋予每个人接受德行的能力，并且通过习惯而完善。其实美德是不是神赐，是来源于自然还是回忆，并没有人能说得清，只是我们更愿意相信它的无处不在。

父母一定会先于我们老去，人老后身体器官功能衰退，慢慢地便不能再劳动，甚至生活不能自理。这时候的父母就如初生的婴儿一般需要人照顾，但他们给子女们带来的麻烦并不比初生婴儿多。美德虽然存在，“孝敬父母”这个口号却是不想喊得更久了。因为，我们更愿意看到的是，人们能将孝敬父母当成一种本能的情感，就像对待初生的婴儿一样。

## 心灵之爱，恒久远

我们从电影或电视剧里总是能看到很多匪夷所思的爱情故事。比如《返老还童》里，年轻的黛西会看上年老的本杰明；《剪刀手爱德华》里，美丽的女孩金会爱上半机器人爱德华。人们也总是能从新闻里听到许多不可思议解的爱情故事，比如翁帆嫁给了杨振宁，美国31岁的男青年娶了一位91岁的老太太。

人们对这类爱情不理解，是因为他们始终不相信世界上真的有柏拉图式的精神恋爱，因为那个太过于完美，太不现实，寻求这样的爱情太需要勇气。

不可思议，是因为人们习惯将“爱情”二字放到既定的条条框框里，而那些条条框框往往又多是脱离精神的。世俗的标准中，人们追求物质、肉体、激情都是可以理解的，追求精神反而显得奇怪。灵魂间的恋爱变成了奇货可居，人们敢想而不敢触碰。

其实这些故事中的主角们，他们的恋爱已经无限接近于柏拉图的精神恋爱。他们不是因为好奇，因为好奇不可能持续一生。当苍老的黛西抱着同样苍老的、但却是婴儿身体的本杰明，看着他在自己怀中死去时，当金已两鬓白霜，望着窗外爱德华为她制造的冰雪天时，当翁帆和杨振宁携手走过十年时……他们的爱情已经超越了时间，超越了世俗的眼光，他们的生命也拥有了纯粹的灵魂之爱。

这些故事之所以能打动我们，正是因为我们心中其实存在着对这种理想式爱情的渴望，只是缺少了勇气。

柏拉图认为心灵也有生殖力，他说只有让心灵接收到美的事物，产生爱情的欲望，才会产生不朽之物。“世界上有些人在心灵方面比在肉体方面更有繁殖力，擅于孕育心灵所适宜孕育的东西，这是什么呢？这就是思想智慧和其他心灵的美好事物，一切诗人和各种技艺的发明人都属于心灵生殖力强的人。”如果放在爱情上，人们就会通过心灵的相互吸引，传达彼此美好的事物，这样，爱情也会变得更富有创造力。这就是柏拉图将“理念”用于现实能力的一种说法。

《会饮篇》让人们看到关于爱情的潜在生命力，大概是因为讨论的是人人向往的爱情，所以文章也比其他的对话录更生动。柏拉图并没有回避传统的性爱观，只是强调精神恋爱的伟大作用，因为爱情原本就有两个矛盾统一的方面，即心灵之爱与肉体之爱。柏拉图认为以肉体为基础的爱情就只能产生肉体生殖力，这是一个重复轮回的低级过程。而灵魂本身是不朽的，所以灵魂之间的爱恋也才会不朽。当一个美的心灵达到和肉体一样成熟时，它便会“四处寻找美的事物，一旦发现另一个美好又高尚的心灵，便拥抱在一起，产生丰富的思想，孕育智慧和美德”。来自灵魂的欲望要比肉体的欲望更可贵，心灵的生殖力也更珍贵，这是爱神卡洛斯的爱情理念。

这个并不难理解，但凡还热爱生活、热爱真正爱情的人，一定会认可柏拉图的自由与精神伴随的恋爱理论。

英国哲学家洛克说：“心灵之爱真理，有过于眼睛之爱美丽。”爱情的发生本就是盲目的，但又能让人重见光明。而电影《推拿》告诉我们的理念更为直接：爱情从来都不需要眼睛，看得见光亮的人，不一定能看得见爱情。

所以电影里的洗头妹小蛮爱上了小马，他们从最初的情色交易发展成了爱情。小蛮的姐妹们说她："怎么能爱上个瞎子?"小蛮怒斥她们："你们才瞎了呢!"

在常人的世界里，爱情的发生需要眼睛来看到美好的事物，并且相互吸引。但感受美好的事物却不一定非要通过眼睛，肉体的美丽也不是唯一的吸引，爱情最终还是要回归到心灵的感觉。

在《推拿》中，金嫣向泰和形容自己如何好看，说自己是按摩店的第二美女，但泰和是失明的，他对她的容貌是否真的很美毫不在乎。在盲人的爱情里，容貌并不重要，那只是健全人眼里爱情的标准之一，与他们的爱情毫无关系。如果只是盲目地对美的形体与外貌无限渴望，就会成了盲人老板沙复明对都红的错误迷恋。沙老板仅仅因为别人都称赞都红美，就在心里认定她应该美丽，从而决定要对都红表达爱意。但都红是清醒的，她认为这是一个笑话。她告诉沙老板，他对她的那种追求不算爱情。是不是爱情，眼盲的人尤其看得见。

健全的我们总是为爱情设置了太多的标准，人们似乎必须踏进这些门槛才配谈爱情。如果有个女孩兴高采烈地和她的朋友们说，她找到一位心爱的男朋友，朋友们大都会问“他是做什么的?”“是哪儿的人?”“长得帅不帅?”“那个行业应该挺能赚的吧?”“现在他是租房子呢还是已经买了房子?”很少人会问到心灵，问到品德。

在爱情中，关于心灵的碰撞是不足为外人道的，道了旁人也不懂，因为那是两个人的事。局外人看到的爱情，永远都是门户是否相对，物质是否充裕，身高比例是否匹配，谁走了运谁又倒了霉等问题。

最糟糕的爱情，就是当全世界只剩下两个人时，两个人依旧像是在交际，要么尴尬无言，要么全靠演戏。这样的情感，只因两个人心灵从来都没有交流。

爱情不是表演与作秀，电视里经常有人将自己的爱情晒给全天下人看，以赚取观众的感动与眼泪。如果是真挚的情感，便不会说得如此夸张和造作，如果是真的爱情，便不会用来煽情甚至是表演化。灵魂之爱一定是属于爱情之中的两个人的，并不需要万千围观者来参与。

《推拿》里的几个爱情故事都告诉了我们一个道理，当爱情褪去了世人眼中的浮华与虚荣，便回归到了爱情本身。盲人的世界是黑暗的，可正是因为这种黑暗，才使人更接近自己的灵魂，更接近光亮。

爱情是我们人生中最美好的事物，是一种从相识、相知到相爱的过程，它也是一种信仰。一份高尚又美好的爱情，能使人残缺的心灵得到补充，让孤单的灵魂有所陪伴，让平凡的人生变得有色彩，从而衍生出更多美好的精神产品与智慧来。爱情是盲目的，但它却能让我们重新看见光明，一切从心灵出发，这就是我们所追求的爱情。

## 退一步，你会看到别样的美

每个人都有坚守的原则和刚正不阿的尊严，当碰到来自权威的压力或物质的引诱时，你需要坚守自己，不轻易妥协，更不能违背自己的良知。

然而，每个人也同时拥有着固执的理念，与自身智慧所到达不了的彼岸。所以每当和别人因为观念不同或个人利益发生冲突时，在不影响原则与尊严的前提下，你应该学会适当地退让。放弃自己一直坚持的执念，或对利益做出一点让步，这是一种大忍之心的表现。

舍弃，并不是懦弱，而是一种智慧，不是真的放弃自己，而是为了更好地获得。得失之间学会品味，你会发现意外的快乐与纯净。或许，你还会发现原来并不只有独木桥才能过河，远方还有一条更宽阔的路。

佛语说，忍一时风平浪静，退一步海阔天空。说的正是这种处世的态度，用真诚和友善来平息斗争，你会看到别样的美景。就像柏拉图所说的那样，终究要至善至真，才是美的本质。美好的事物深植于心，不受任何外界的影响而改变，人才能体会到世间的美。

相传弥勒佛的化身布袋和尚有一首《插秧歌》：手把青秧插满田，低头便见水中天，心地清净方为道，退步原来是向前。曾几何时，你也变得喜欢为了那些荣华富贵、是是非非、珍珠或白菜，和别人争得头破血流，却又一无所得呢？以退为进，是一种宽容，是一种智慧。“退步原来是向前”，退一步，是谦恭，是有时间更多地思考，是学习也是忍耐，是真正的进步。

聪明的你，不论是在生活还是工作中，当与对手争得面红耳赤、沟通不了，或者对方一直讳莫如深，你拿不准真正意图的时候，你千万不要处处逞能、步步逼问，这时最好的方法，就是先退一步，给对方留个台阶，也给自己时间思考。

芸芸的澳大利亚老板对她的工作要求非常苛刻，芸芸说她几乎每隔两天都有一次想辞职的念头。

我们姑且称这位澳大利亚老板为“老澳”。

有一次，老澳要送一个女客户一束郁金香，他把对花的要求写给芸芸，给了芸芸一个小时的时间去买。

在上海买一束郁金香并没有什么难度，芸芸很快就买好了回来，把花交给老澳。

老澳只瞥了一眼，就头也不抬地说：“这不是我想要的。”

芸芸看看手里的花，没错啊，粉色郁金香9枝，淡粉色布纹纸包装，连卡片的尺寸都是按老澳的要求买的。她不懂错在哪里，只好小心翼翼地问：“老板，这是按你的要求买的啊。”

老澳还是头也不抬，说：“不，这不是我想要的。”

芸芸跟了老澳三年，她知道老澳的脾气，但是她对花不了解。她实在不知道这些花不对在哪里，只好硬着头皮再问一句：“不好意思，老板，这束花哪里出了问题？”

老澳说：“这不是荷兰进口的。”

芸芸很坚持：“花店员工说，这就是从荷兰进口的粉红郁金香。”

谁说欧美的老板就很有人情味，但不在其中怎知其味？这个老澳终于抬起头，满脸不屑地说：“花店员工说是荷兰进口的，你就信了吗？你自己没有判断力吗？芸，我认为这是一件非常简单的工作，你却做不好，很让我失望！请你不要告诉我，说你不懂花，做我的秘书，这些都是最基本的知识。请你不要再耽误我的时间了。”

芸芸也来气了，眼看就要发作了，她硬忍着说：“老板，这花的颜色，气味都没有问题，我是挑了三个花店才选到的，您要不要再看一看？”

老澳已经没耐心了，说：“芸，你要是做不好这件事，我会交给其他人做！”

芸芸把将要脱口而出的争论咽到了肚子里，虽然她咽得很难受，但她打算以退为进，于是换上一副笑脸说：“老板，我再去更好的花店看看，不过你需要再给我 45 分钟的时间，谢谢。”

老澳允许了。芸芸又跑回刚才那个花店，就原来的花重新包装了一个样子，店员又适当地喷了一些香水，换了一张卡片再次抱回去。

老澳这次认可了她买的“新花”，并且表扬了她的工作。

芸芸是聪明的，她虽然不懂花，但她懂她的老板，她在适当的时机给了老板一个很好的台阶。如果她当时就控制不住和老澳继续争执下去，后果就是老澳大发雷霆，然后她再拍桌子走人。

人和人之间是不可能没有矛盾的，无论在任何一段人际关系里，都会产生矛盾，这是最正常不过的事。就算是有一天克隆另外一个自己，两个相同的自己在一起相处，估计也会针尖对麦芒。人的很多痛苦都来源于过分坚持自己的观点，坚持过头就成了执念。一个人放不下身段，就很难学会“让人三尺又何妨”的智慧。

人与人斗争，有人是为了利益，有人是为了真理，有人仅仅是为了逞口舌之快，还有相当多的一部分人是因为权威或是面子，即使已经发现自己不占理了，还是不肯认输。不论人是出于什么样的目的，斗到你死我伤、争到头破血流都不是好的结果。

退一步，不是懦弱，只是为了告诉自己，要学会大度，要学会用宽容的方式解决问题，化干戈为玉帛。

《荀子·非相》里说：“君子贤而能容罢，知而能容愚，博而能容浅，粹而能容杂。”一个贤能的人可以容纳无能的人，聪明的人可以容纳愚昧的人，知识渊博的人可以容纳孤陋寡闻的人，道德纯洁的人也能容纳品行驳杂的人，这是一种多么宽广的胸怀。

古人教我们要温良恭俭让，让，就是忍让、谦逊之义。也正因为拥有这些品德，孔子每次周游列国时，别人都愿意和他以诚相交，愿意把很多事情告诉他。

在现实生活中，人们的价值观却不容乐观，忍让的气质越来越少。有人宣扬“忍一时得寸进尺、退一步变本加厉”，并且用这样的道德标准来指引自己的行为。于是，人们的脾气越来越暴躁，我们随处可见本可以和平解决的事件，因为双方争执不下，而因小化大。

马路上，有两辆车相撞，双方的司机下车后第一件事就是对骂甚至动手，很少有人愿意心平气和地商量，并且拿出解决方案，仿佛逞了口舌之快，被撞的车就能恢复原样似的；顾客和导购员发生冲突，也许仅仅是因为导购员一个小小的失误，顾客便得理不饶人，使尽消费者的优势，破口大骂；医患之间的冲突愈演愈烈，甚至酿成了不少血案，原因就在于医患之间没有很好沟通，一方情绪过分激动，将事情置于无法挽留的境地。

类似的冲突屡见不鲜，令和谐之美越来越少。古人说有理不在声高，现在有些人不仅有理声高，连无理也一样声高。所以他们去了某地，发现那里的百姓真的能做到温良恭俭让时，都感慨为什么属于我们中华民族的优良传统，都迁移给了别的地方。

不管怎么样，人类的终极目的，还是越来越文明，越来越远离野蛮社会。譬如当今的女子，就都可以接受良好的教育，知书达礼，有一技之长，可以逐渐同男子分羹这半边天，对待事物也越来越有自己的看法。真理总是触类旁通的，君子从来不只指男人，也有女人。君子之气度，皆为宽容，男人女人都可以做得到。以退为进，才是人类本该拥有的智慧。

# 第五章

## 修炼：让梦想一点点照进现实

梦想与空想是不同的。用来区别这两个词汇的，就是实践与否。梦想让人们有所追求，是人们信仰与精神的力量，是心灵上一种健康的精神信念。

当你已经在脑海中构造出自己想要到达的梦想彼岸后，接下来就需要朝着它努力实现了。如果只有梦想而不去实践，那只能称为空想，只能实现在嘴边与梦里。虽然梦想与现实之间有段不近的距离，但是人人都想要不断地去朝着它努力，并且有很多人都实现了自己的梦想。

或许你早已厌倦了“只要你努力就一定能实现梦想”这样的心灵鸡汤，但也一定明白努力总比不努力好，努力不一定能实现梦想，但起码会给你一个不太坏的生活。当你从早到晚长吁短叹理想与现实差距太大的时候，是否愿意承认自己的努力程度其实远远不够？当你只看到有的人实现了梦想时光鲜的一面，是否愿意听一听他们成长路上的艰难？

没有人能随随便便成功。人有梦想是好事，既然心中有梦，就试着去实现它吧。

## 开始是工作的最重要部分

柏拉图的这句格言与“好的开始是成功的一半”寓意接近，都是在说每件事情开头的重要性。只是柏拉图说得更加委婉，因为后者总是被一些较真的朋友拿来批判，人们会说既然开始已经是成功的50%了，那接下来的事是不是就变得顺利和容易，并且能轻松完成另外的50%了呢？

显然，这只是片面的理解。

开始，是行动的真正开始，是从想象到实施之间的一大步跨越，这个跨越对你而言可能非常重要，因为你已经想做这件事很多年了，却一直没有勇气做，所以开始对你来说才意义非凡。比如有个人想开一家餐厅，嘴上说了多年，也曾在脑中构造过，可他既没有去考察市场，也没去学习开餐厅的经验，更没有为此筹钱准备，一直没有真正动手去做，他构想的这件事便没有开始。

开始，是信念的真正启动，自此才有了对梦想的展望。不管是计划做一件伟大的事，还是一件平凡的事，能迈出第一步就很重要。尽管路途中可能会遇到艰难险阻，但只要有信念就会支撑着你走下去。

而好的开始，便是服务于行动和信念的开始，做一件事情是盲目、冲动、抱着宿命的态度去碰运气，还是理智、周详、抱着全力以赴的信念去做，取决于开头的质量。就像农民兄弟们秋天的收获，取决于春天的播种一样。人们总说万事开头难，开头做好了才能起到事半功倍的效果。开头不一定要轰轰烈烈，但开始了便不能轻易停下。

一切伟大的行动和思想，都有一个微不足道的开始，可正是这个“微不足道”成就了一个人向前的路，因为这意味着勇气与不回头。美国经济学家道格拉斯·诺思曾提出路径依赖的理论，即人们一旦做出了某种选择，就相当于走上了一条不归路，人们会惯性地将这一选择不断强化，并且不会轻易回头。这就是人们为什么在实际操作一件事情时，会遇到比以前想象中更多始料未及的困难与麻烦，但却依然能够硬着头皮一个个去解决的，等将这些大事小事全做完，人们的能力便得到了升华。

一件工作的开始是好是坏，往往会影响到后面事情的发展方向。就像道格拉斯·诺思说的，这就像物理学中的惯性，人们一开始做的选择决定了未来可能的选择，这就是“飞轮效应”。

以企业为例，好的开始会让公司进入一条好的路径，因而得到正反馈的作用，通过惯性和冲击力，企业发展会渐渐进入良性循环；不好的路径会对公司起到负反馈的作用，公司就有可能被锁定在一种无效的状态下，从而陷入恶性循环。而如果进入某种锁定状态，公司想要脱身都变得异常困难。

再以大学毕业生为例，初进入社会的毕业生的第一个工作是很重要的，会对后续的工作习惯、价值观形成铺垫性的影响，是很细微和深入的。如果大学毕业生第一次工作就被灌输一种错误的观念，他可能以后无论在哪家公司，做什么工作，都会在潜意识里用那个观念要求自己。

良好开始的正面作用不只适用于大事，在生活中处处适用。销售人员去谈一单生意，第一次拜访的成效非常重要，顺利与否，给客户留的印象好不好，专业技能如何，都会影响到后续的拜访。如果初次拜访不成功，销售人员以后再想见到该客户都很难。提前做了功课的面试一定比贸然去一家公司面试的效果好，第一轮面试官无论是谁，通不过便进入不到下一关。参加一个比赛，初始阶段的顺利会为后来的比赛奠定强大的信心，而如果初赛就发挥失常，后续的比赛会很受影响。

柏拉图说的“开始是工作的最重要部分”强调了万事开头的重要性，但开头并不是全部。有开头，就有过程，也有结果，好的开头并不直接决定着结果，但会为结果提供了一个良好的开端。比如短跑运动员比赛，枪声一响，谁的起跑最快谁就占尽先机，但最后的成绩，还需要有跑步的速度和最后的冲刺。

在柏拉图看来，一个工作的开始，最好是基于高贵的好的欲望，而不是来自下贱的坏的欲望，这是做所有事情最该重视的目的性之一，无论是做大事小事，开头是好是坏，目的不纯正都是不可取的，不正义的目标是该抑制和摒弃的。如果初始目标是不正确的，就算事情做成功也不会长久，而且人们也得不到真正的满足与尊重。

有了正确的目标和好的开端，人们还需要坚定走到底的信念，就如道格拉斯说的进入一个惯性的轨道来让自身得到提高。

在《理想国》中苏格拉底谈到城邦政制失败的案例时，说有一类人“经常心血来潮，想起什么就跳起来干什么说什么。有的时候，他雄心勃勃，一切集中在军事上，有的时候又集中在做买卖发财上。他的生活没有秩序，没有节制。”

人们常说某事情要想做成，就不能输在起跑线上，但即使赢在起跑线上，后面的工作依然不能松懈，好的开始纵使真的是成功的一半，但也并不是全部。内心摇摆不定，急于求成，惧怕困难，故步自封，不吸收新的知识和思想，都会将另外一半成功的可能扼杀在好的开始后。

万事开头难。开始是不容易的，人们为了一个好的开端，付出的不比过程中付出的少，只要认定目标是正确的，目的是好的，就将开始时的好运一直传承下去，认真地做好每一件事。

## 教育的方向决定每个人的行为性质

柏拉图很重视教育，他的哲学思想和社会学思想反映在教育上，就是为他的理想国培育护国者和军人。他从斯巴达和雅典丰富的教育实践中汲取有益的东西，形成了自己的教育理论体系。在教育的组织管理上，他主张国家控制教育，采取公养公育的方法培养人才。

在《理想国》里，柏拉图的教育思路与孔子类似，即强调以德治国。因此作为治国手段时，两人更强调教育的作用，而且要特别重视统治者的教育，只有统治者的教育才能决定国家政治的善与否。所以在柏拉图的理想国里，第一等级的公民要接受教育的学制便很长，从出生直到35岁，从文艺体育教育到辩证法，柏拉图打造了迄今为止世界上最长的学制。所以在现代人看来，这种学制几乎不可能实现。

但柏拉图庞大又细分的教育方法却为后世的教育提供

了理论基础。虽然他并不重视理论与实践相结合，受教育只是为了能更好地把握善和能够培养节制的美德，但柏拉图的教育方向，是值得我们学习的。

柏拉图为他的城邦公民指明了教育的方向，就是要让公民成为一个什么样的人，他们要有什么样的功效与特质。柏拉图说："每门学科都有其独特的功能，凡有所学皆会促成性格的发展。"教育的方向将决定每个人的行为特点，这是教育的终极目的。

首先，人必须接受教育。柏拉图著名的"洞喻"，就把受过教育的人与没受过教育的人的本质作了一个比方：没受过教育的人就好比从小就住在洞穴的人，他身体包括头被缚着不能动，只能看到背后由火光投射在对面墙上的影像，认为那就是真的事物了。当有一天他走出洞穴，经过艰难险阻终于看到了洞外的世界，看到了太阳，他才实现了一个上升的过程，即一次"心灵的转向"。

这个人刚开始会不适应洞外的生活，但很快，他就再也不想回到自己当初的洞穴里了，他很庆幸自己的这一变迁，而为还在洞中被禁锢的伙伴们感觉到遗憾。太阳，就好比是善的理念，当一个人的认知水平已经到达这一高度后，"他们的心灵永远渴望逗留在高处的真实之境"，当初的迷茫已经成为过去。

我们在接受教育的过程中，总是会经历由黑暗至光明的过程，当我们的认知不足以认清事物时，不要排斥与嘲笑，要想想是不是因为离开了较光明的生活被不习惯的黑暗所迷误了或是一时之间离开了无知的黑暗进入了比较光亮的世界，视觉一时接受不了呢？不可否认的是，这黑暗的盲区会时不时地存在，它影响着我们认知世界的过程。

柏拉图说："知识是每个人灵魂中都有的一种能力。"在我们接受教育的过程中，有一部分知识来源于老师、家长，一部分来自自身的参悟能力。对人生的志向也会随着学识的增多，阅历的增长而有所改变或是调整。这是一个人可贵的认知过程。

传统的教育造就了很多高分低能的学生，因为各方面综合素质较弱，以至于很多学生在进入社会后，适应期总是很长，有的人甚至将自己一直锁在校园里学习，来回避直面社会的压力。

其次，心理教育至关重要。当德智体成为学校教育的口号时，当智成了衡量学生的唯一标准时，学校都忽略了学生的心理建设。虽然我们一直强调不要用极端的个例来举例说明，但是总会看到新闻里时不时都有高学历人群因为精神失常而酿成的惨剧。而追究起原因来，多数都是因为压力过大或得失心太重，心理素质过差，或者因为平常郁结的情绪没有得到及时的发泄。

2006 年 3 月 18 日，北京大学 2003 级物理系一名男性博士研究生跳楼身亡。该同学患有精神疾病。

2006 年 10 月 31 日，清华大学一名研究生在福建自杀身亡。因为找不到工作，不想成为父母拖累。

2009 年 9 月 17 日，浙江大学一名海归博士跳楼自杀。跳楼前 6 天，他刚提交了申报副教授职称的相关材料。

2009 年 11 月 27 日，中山大学一名在读博士生抱着爱犬跳楼自杀。因为感情与工作双双受挫。

2010 年 8 月 5 日，南京理工大学一名硕博连读的二年级博士生跳楼自杀。之前并无征兆。

2012 年 1 月 16 日，南京理工大学一名博士生跳楼自杀。因为导师不让他答辩。

……

类似的事件不胜枚举，专业不是最喜欢的，与导师关系不好，感情问题，身边的人给的压力过大，理想与现实差距太大，社会对他们期望值过高……每件悲剧的发生都会引发人们短暂的思考，人们开始重新意识到心理建设的重要性。

柏拉图所说的体操和音乐是指身体与文化课的锻炼，相对于身体的培养，他尤其强调灵魂的教育，因为“心灵的优点似乎确实有比较神圣的性质，是一种永远不会丧失能力的东西”。在学习过程中，柏拉图是不采用强迫式的教学的，他说：“因为一个自由人是不应该被迫地进行任何学习的……被迫进行的学习不能在心灵上生根。”他尤其认为初期教育应是一种娱乐，这样才更容易发现一个人天生的爱好。

在教育理念上，柏拉图是一个先知者。我们离古希腊社会很遥远，但关于教育是不是该有一个正确方向的问题，我们却必须承认柏拉图比现代国人的教育观念先进许多。

心灵的教育才会让人拥有神圣的品质，人们在重视智育之外，需要真正地做到德智体全面发展。当代人的学制已经没有《理想国》中的那么长，但受教育却是需要终身进行的，我们需要不断地提高自己的技能，修正自身的心灵，培养健全的性格，才能让我们的工作与生活有一个越来越好的行为导向。

## 用智慧的眼睛去发现

需要说明的是，柏拉图的著作中出现的理性与我们说的理性、感性并不是一回事。哲学中说的理性通常是指理论、知识之说。比如柏拉图根据太阳能使眼睛看见事物和太阳本身的常识，说明善的理念能使理性认识事物的理念，这里说的理性就是理念、理论的含义。

我们大多数人都是哲学的旁观者，无论是理性主义还是经验主义，哲学本没有对错。我们要做的是从哲学家的智慧中学习与领悟，并且为各自的人生观做参考。

在《理想国》第六卷中，苏格拉底与一位讨论者有这样的对话：

苏格拉底：你认为一个人对自己不懂的东西，有权利夸夸其谈，好像懂得一样吗？

阿德曼托斯：那样当然不应该。但是，一个人把自己想到的作为意见谈谈也无妨。

苏格拉底：你有没有注意到，脱离知识的意见全都是丑的？从其中挑选出最好的来也是盲目的；或者说，你认为那些脱离理性而有某种正确意见的人，和瞎子走对了路有什么不同吗？

阿德曼托斯：没有什么不同。

人的心灵就和眼睛一样，当它注视被真理所照耀的对象时，它便能了解它们，显得有了理性。人只有拥有了一定的知识与理性，才能够正确地看待事物，否则认识就只能是模糊与混乱的，就如在心灵蒙上了一层纱，会影响人们对事物的正确判断。没有理性就好比人失去了眼睛，没法看到事物的真实情况，也无法把握灵魂中真善的理念。

当人已经得知光明和美的东西时，就再也不想要看丑的、盲目的和歪曲的东西了。这时候的理性就是一个人的智慧，人只有用充分的理性去把握了善，才能把握正义与美好，才能让自身的心境升华。而理性的创造，需要人不断地修炼。

当一个人拥有了一定的知识与信念，在面对纷繁复杂的世界时才能始终保持灵魂的善性。在柏拉图看来，高明的人会把善当成一种最好的知识，而善能为人带来快乐和心安。

太阳不仅能让我们看到万事万物，还能为万事万物提供阳光与养分，而我们所追寻的善的灵魂也是如此，它不仅能让我们用一个恰当的心态看待身边的人和事，还能为我们带来心灵上真正的幸福感。

人的眼睛如果只看到了可见之物的负面，就会忽视正面的力量；一个人如果只看到世界的丑恶与灰暗，就会渐渐忘记美好的风景。人的心灵如果总是被无知和痛苦占据，便会离幸福与美好越来越远。

有一次，柏拉图把弟子们带到一片杂草地，问："如何除掉这块地中的杂草?"

弟子一说："用铲子把它们铲掉。"

弟子二说："用火可以把野草烧掉。"

弟子三说："往这块长满草的地上撒许多石灰。"

弟子四说："一定要将这些草斩草除根。"

柏拉图摇摇头，说：“那你们回去后，用各自的方法除去一片杂草。一年以后，我们再来这里相聚。”

一年后，弟子们都来了，他们发现原来相聚的地方早已不是杂草丛生，而是变成了长满谷子的庄稼地。而柏拉图却始终没有来。

几十年后，柏拉图去世，弟子们在整理他的言论时，在最后补充一句：要想除去杂草，就要在上面种满庄稼；要想让心灵无忧，唯一的方法就是用智慧占据它。

智慧可以使人们对事物迅速、灵活、正确地做出判断和处理。人们常用“仁者见仁，智者见智”来说明不同的人看同样的事物，角度不同，结果自然也不同。观自心者觉，知自过者悟，觉悟者智慧。

智慧并不是神赐的，没有人给予，借不来也买不到。它来自生活与修炼，需要我们不断上下求索去寻找它，就像眼睛去寻找光明一样。

拥有智慧可以让我们更深刻地了解人、事、物、社会和历史，辨别是非，探求真理，对人性抽丝剥茧，能让躁动的灵魂拥有沉寂的力量。它会指引我们做出正确的决策，帮助我们解困于危难之间。有了智慧，我们才会对事物有明确的选择，才会是执行力最好的根基。

智慧越发达，人生就越能获得满足，因为智慧会让我们心胸开阔，气魄宏大，这是很多人都想追求的幸福感。其实幸福都始于一双善于发现的眼睛，始于执着探索的心灵，用智慧的眼睛去发现，我们就会离真理越近，离美德越近，离无知与痛苦越来越远。

## 天才很少，学习总是循序渐进的

还是关于教育的问题。

柏拉图在流亡的日子里，先后考察了各地的政治、宗教制度，同时研究了算学、几何、天文、音乐等理论和各种哲学学派的学说，尤其是毕达哥拉斯学派的影响。在柏拉图辗转回到希腊后，创办了著名的阿卡德米学院。

柏拉图非常重视教育，他关于教育的论述集中在《理想国》和《法律篇》中。他把在阿卡德米学园的办学经验用到理想城邦的教育体系中。他强调教育要由国家来控制，认为教育是巩固理想国的最强有力的工具。他吸取了雅典和谐发展的教育理想，吸取了斯巴达的国家办学制度和军事教育、子女教育方面的经验，制订出理想国一系列详细的教育方法。

虽然柏拉图将教育归结到政治行为当中，并划分了等级，可他对教育的理念一直被后人津津乐道，其中很多理念放到现代社会中都是同样适用的。

柏拉图不赞成强迫性地学习。除了天赋好、强于记忆之外，一个人还要由衷地热爱学习，这样学起来才能不感到困难。因为灵魂对学习中的艰苦比对体力活动中的艰苦更为害怕得多，而被迫地学习是不能够在心灵上生根的。

在什么样的年龄段就该接受什么样的适当教育，什么天赋就该进行什么对应的学习，这样人们才能发挥各自所长，并且学以致用。柏拉图将教育分为三个阶段：第一阶段从出生到二十岁，进行文艺和体育教育；第二阶段从二十岁到三十岁，进行科学教育；第三阶段从三十岁到三十五岁，进行辩证法教育。

柏拉图认为，在一个阶段的知识还没有学好的时候，不要进行下一阶段的教育，或者在不适当的年龄去学更长一点年龄的人才该学的知识，这是不对的。纵观时下，家长们常常望子成龙心切，采取揠苗助长的方式来教育孩子，相比之下柏拉图提出的教育观念是非常先进的。

柏拉图不仅是第一个提出学前教育思想的教育家，还打造了初期教育和学科教育的史上最长学制。

柏拉图倡导人的早期教育要用做游戏的方法，这样才可以从游戏中更好地了解到每个孩子的天性。除了理论，孩子们可以亲身体会现实生活中发生的事情，以助于理论联系实践。比如要培养战士，孩子们就可以骑着马到战场上去看看打仗，在安全的地方让他们靠近前沿，像小野兽一样尝尝血腥味等。

网上曾有过一篇《揠苗助长害惨了“神童”儿子》的文章，耐人寻味。

一位父亲 44 岁才喜得贵子，高兴之余，想起自己碌碌无为的一生，于是他下定决心要将儿子培育成才。

儿子尚在襁褓中时，他便给儿子读古诗，说英文，念数字，只要儿子一醒，他就会抓紧时机灌输知识。在儿子 3 岁的时候，他带着儿子去测了智商，结果是儿子的智商已经达到 5 岁孩子的水平，这让他喜出望外。然后，他制订出了一个更周密的人才培养计划：3 岁上小学，7 岁上初中，11 岁参加高考，15 岁考研究生。

他给了儿子全部的爱，甚至是溺爱，但唯有学习不含糊，除了学习之外，儿子不需要学其他任何的事。当别的小朋友在看动画片的时候，他的儿子却连动画片是什么都不知道，他从未有一天的休息。终于，儿子在 7 岁的时候艰难地完成了小学课程。可是本该玩乐的童年，他的儿子却饱受着近乎残酷的教育方式，最终患上了心理疾病。

他的儿子没有去过游乐园，所以看到翻滚的海盗船时吓得哇哇大叫；也不认识一休哥，不知道小伙伴们天天谈论的内容是什么；每天晚上，儿子都会把书本撕成碎片放在一个塑料袋里，然后放在枕头下入睡。

他终于意识到了问题的严重性，带儿子去了心理诊所，随后又跑遍了市里的医院，结果所有医生给出的答复一致：让他立刻给孩子减压。

当他终于愿意尝试给儿子减压时，儿子却很难转变。孩子已经形成了习惯，每次被爸爸从书桌上拉走，他又自己回去了。儿子唯一的发泄方法就是撕书，然后放在枕头下。

他最后听了医生的建议，将儿子送到了学习压力较小的一所农村小学，在那里让儿子学会融入集体生活。

并且坚持为儿子做心理治疗。不久后，孩子脸上终于又有了笑容。

他觉得造化弄人：3岁的时候让孩子过7岁孩子的生活，现在儿子7岁多了，又回头寻找孩子3岁多的生活。这位父亲对儿子的用心过头，差点断送了孩子的一生，好在，他及时回了头。

这位家长的教育方式走入了一个极端，因为他差点把孩子培养成一个高分低能、没有生活与社会活动能力的“天才”。旁观者看来觉得是可笑的，抑或是心酸的。却还是会有相当一部分家长只是一时感动，但意识不到自己的教育方式有误，依旧会用类似的方法强制压迫孩子的天性，只不过程度稍轻些，五十步笑百步而已。

中国的家长很乐于给孩子们报辅导班，一个10岁不到的小学生同时报三四个班是司空见惯的事，英文、奥数、书法、钢琴、柔道、美术……应有尽有，除此之外还有数不清的课外辅导班。孩子们的书包快要比成年人的旅行箱还要沉。其实，很多家长并不是想给孩子报这么多辅导班，只不过看到身边的家长们都在报，加上天天被“让孩子不要输在起跑线上”这样的大众思维洗脑，最后也就只能随大流了。

初期教育之后便是学科教育。柏拉图主张“体操锻炼身体，音乐陶冶心灵”的教育理念。这里所说的“体操”并不单指奥运比赛上的那种体操，是指一切体育性质的锻炼，包括军事训练或骑马；而这里所说的“音乐”泛指一切文化课和艺术课，比如数学、几何、天文学、音乐等。

这是我们现在学校里倡导的德智体全面发展的前身。

在学科教育达到标准后，柏拉图才允许理想国里的一部分人进入高等教育的学习，即培养通晓理念世界的哲学家，经过这个阶段学习的人才能成为统治国家的哲学王。

在这个阶段里，柏拉图依旧不希望在学科教育阶段的年轻人轻易接触辩证法。他认为这需要一个过程，如果一个年纪轻轻的人刚学到一点知识便到处找人辩论，便会因为他根基不牢，很容易被驳倒。失败的经验会让这个年轻人从此丧失信心，动摇信念，更重要的是，会对自己的所学产生强烈怀疑，这是相当可怕的。而如果年长一些的人心智已经成熟，便不会那么疯狂了。

其实天才本不多，一个人就算原本是个天才，如果遭遇一种压制性的教育方式，其天赋也会很快被扼杀。天才身边一定有一个伟大的父亲或母亲。大脑不是电脑，不是通过一个优盘就可以把所想要的知识全部拷贝进去的，知识也不是高科技电影里可植入人体的芯片。我们所见到的天才也好，人才也好，他们的成就都是知识累积的结果，并没有一蹴而就的成功，也没有不经一点一滴地学习积累就万事皆通的神人。

知识是要累积的，我们学到老活到老，一天天成长着、进步着。教育不能违反人的天性，5 岁的人该做的事和 15 岁的不该是一样的，15 岁的人也不需要非把 25 岁时要做的事提前做完，这并不科学。

也许有人会说，莫扎特 2 岁弹琴 3 岁作曲，这难道不是把成功的年龄提前了吗？可我们都不是莫扎特，同时也庆幸莫扎特的父母没有像现在很多急于求成的父母一样，利用孩子的某种过人天赋，去过度地消费孩子的童年与未来。

我们走过生命的哪一个阶段，就该享受哪一段的美好，完成哪一段要做的事，顺生而行。我们不需要沉溺于过去，也无须焦灼地期盼未来，就像人在生的时候，从来都不会期待死一样。我们需要做的，就是戒骄戒躁，真正地热爱知识，然后让自己一点点地接近自己的梦想，那一切的智慧，总会来的。

## 耐心是一切聪明才智的基础

耐心，是决心和毅力的外在表现，是一种潜在的巨大力量，它能让信心延续，让人们因为坚持而将天赋发挥得最大化，是人身上可贵的心理特征之一。

柏拉图说，耐心是一切聪明才智的基础。耐心可以检验一个人在面对困难或失败时的态度，是迎难而上还是前功尽弃，是正确对待还是暴跳如雷，因而表现出的是一种坚韧不拔的力量。俗话说，心急吃不了热豆腐，如果没有耐心与毅力，不管大事小事都没法善始善终，甚至离成功只差一步之遥。

旦旦才 25 岁，体重已经接近 100 千克了。

小时候旦旦从来没有意识到自己的身材有什么困扰，妈妈总是从欧洲为她买回很多漂亮的衣服，所以虽然胖，旦旦却觉得自己像个小公主。直到上了大学后，旦旦才因为自己的身材问题总受到刺激。

入校时的军训是在一座山村里进行的，很是艰苦。军训教官很帅，旦旦特别喜欢他，休息时总喜欢靠得教官近近的，听他谈笑风生。慢慢地，教官和同学们都熟了。

有一次玩信任背摔的游戏，要求一个人站在高处，身体直直向后倒下，下面有八位同学手挽手接住。这个游戏锻炼的是人的勇气和彼此的信任，可女生们没有一个敢做。

时间一长，教官急了，指着旦旦说：“旦旦同学，你上，你做个示范。”

旦旦很听教官的话，虽然心里害怕得要命，但还是硬着头皮上去了。旦旦倒下来的一刹那，下面的八位男同学比她更紧张，生怕把她摔伤，都死死地紧拉着手。

旦旦成功做了示范，教官很高兴，鼓励大家说：“旦旦的体重是你们在场每位女生的一倍不止，她都下来了，你们还怕什么？”

从自己喜欢的人嘴里听到这些话，旦旦很伤心，而且，接她的八位男生中，有一个还因为被她的屁股砸到手腕而受了伤。旦旦很自责，本来对那个男生也还挺喜欢的，从此后却再也不敢正视他了。

再看看班里的女同学，二十多个女同学中，体重60千克以上的只有三位，而且另外两位都是大高个。以前旦旦的衣服都是妈妈给买的，欧版的尺寸大，总有她能穿的。现在和女同学去逛街自己买衣服，导购小姐连给她推荐的兴趣都没有，她只能穿得下中年大码装。

旦旦决定减肥。

她看过很多胖女孩减肥成功的励志故事，觉得自己也能和她们一样，总有一天破茧成蝶。旦旦尝试过很多方法，坊间说的减肥方法她几乎都尝试过，甚至还报了那种强制性的减肥训练班，但每次都坚持不了多久就放弃了。几年下来，旦旦的体重一点没减，相反还越来越胖，胃也因为忽饿忽饱而搞坏了。

其实在减肥班的那一次，旦旦是有机会瘦下来的，不仅有营养学老师给搭配三餐，还有形体训练。旦旦在前两周还坚持得挺好，成功地减掉了五公斤，但从第三周开始，她就无法坚持了。旦旦每次听营养学老师讲课，都十分地不耐烦，总是打断老师的话，说："知道了，不就是水果蔬菜多吃，糖油盐少吃，然后再多运动吗?"

就这样，等四个月的减肥班结束后，旦旦的体重只轻了几千克，而且很快又恢复了。现在她的体重依旧在100千克线上挣扎。

减肥只是我们生活中经常会碰到的一件小事，当然对很多人来说这是个头等大事。但虽是小事，需要的恒心毅力却一点都不少，民以食为天，人拒绝美食是很难的，坚持运动也是很难的，这都需要极大的耐心。不是有人说过“一个人连美食都能控制住，还有什么做不成的呢?”

以小见大，做任何事情都不能单凭一时的热忱，光有聪明才智是远远不够的。只有耐心才能让自己的行动前后保持一致，才能使人们在逆境中总结失败的经验，收拾起自卑与失望，继续向前。

耐心，在心理学上被认为是一个人心理素质优劣、心理健康与否的衡量标准之一，属于意志品质的一个方面。它与意志品质的其他方面，如主动性、自我控制力、心理承受能力等都息息相关，也是成功的关键因素之一。我们所说的成功并不是一定要做出一番大事业来，而是指每个人心中想到达的理想彼岸，比如说旦旦的减肥，比如说想写一本书，比如要开一家自己的广告公司，比如想骑着摩托车环游世界。

耐心的反面，就是急躁。急躁的人是永远静不下来的，对待挫折会很快烦躁，听不进忠言，而且总是在最关键的时刻放弃。其实人生如逆水行舟，不进则退。逆境，正好是你淘汰很多竞争者的地方，如果没有耐力去坚持，在这个过程中你就是被淘汰的那一个。

被称为“短篇小说之王”的法国19世纪作家莫泊桑，到30岁时，作品却没有一篇被发表。他开始丧失信心，不再练习写作，想改行经商。他姐姐批评他缺乏耐心，并建议他去拜访比他年长29岁的福楼拜。

福楼拜当时是享誉文坛的大作家，他和蔼地接待了来访的莫泊桑，把莫泊桑让进书斋，指着自己的作品说：“当初我也跟你一样灰心过，动摇过，但最后还是坚持下来了，重要的是要有信心、耐心。”

回家后，莫泊桑继续埋头练习，勤作不辍，不久就发表了自己的处女作《羊脂球》，从此便一发而不可收了。他一生写了三百多篇短篇小说，6部长篇小说，3部游记以及许多关于文学和时政的评论文章。

耐心，需要静心。守得住寂寞才能等得起繁华，适当地沉淀是为了更好地出发。静下心来学习、观察、实践，人的聪明才智才能得到提升，这是一种意志的磨炼。

耐心，需要自制力。不良的习惯与情绪需要用自制力去控制，这是人区别于动物的主要特点之一。自制力差的人耐心往往也会比较差，明知道这样做很不好，却还是无法控制自己的感情和行为。自制力差的人很容易放任自己的不良行为，如语言、情绪、行为、轻易放弃等，它们是成功路上的绊脚石。

想挑战自己的耐力，就要勇于承认自己的性格缺陷。有的人总是无意识地做了急躁的事，说了急躁的话，或有了急躁的想法，但他们从来没有意识到这些失控行为的存在。只有知道自己的不良习惯在哪里，人才能有意识的控制它。

承认与挑战自己的缺陷是一个很大的工程，虽然它们很强大，但只要意识到它的存在，人便可以不再做那么多无意识的行为了。随着挑战的深入，人会慢慢地战胜它，直到它被好的习惯完全取代。在这期间，人也同时锻炼了自己的毅力。

而且，只要有信念，大多数的人都明白，比起克服自己缺点的艰辛，想要做成一件什么样的事更具有吸引力。

上天赋予了每个人不同的才能，所以人们都拥有属于自己的梦想。有了梦想，灵魂就不再是孤单的。追求梦想的路很长，很艰难，甚至除了自己外没有人理解。在这条孤独的路上追寻，你需要强大的耐心与毅力。只有这样，梦想才会给你最大的反馈，你由此学到了更多的知识，懂得了更多的道理，积累了更多的经验，交到了更多志同道合的朋友。

或许梦想并没有实现，你却因此得到了更重要的、属于自己的、不遗憾的生活。

## 用自己的方式去生活

在《克里托篇》中，克里托不理解苏格拉底为什么选择从容受死，他劝慰苏格拉底选择逃跑："能保全自己性命的时候，为什么要抛弃？你的敌人就要毁掉你，而你的做法却和敌人想对你做的一样。"苏格拉底却安之若素，他告诉克里托："我们为什么要顾忌'大多数人'的想法呢？真正具有理性的人的想法更值得考虑，他们相信事实真相。"

苏格拉底：你知道，我从不从任何朋友那里随便接受建议，除非是经过思考表明它是理性的最佳办法，这并非我的新想法，而是我一贯的做法。我不能因为现在的遭遇就放弃过去一直坚持的原则，它们在我看来依然如故，我现在依然像从前那样敬重和对待这些原则……真正重要的事情不是活着，而是活得好。

苏格拉底：人无论受到什么样的挑衅都不可对任何人作恶或伤害别人。

苏格拉底：那么就让我们放弃逃跑吧，克里托，我们顺其自然，因为神已经指明道路。

（以上截选自《柏拉图全集：克里托篇》）

这是几段很震撼的文字，有一种大义凛然的豪气。如果有人把苏格拉底的从容赴死和我们常说的愚忠相提并论，那一定是还没有真正明白他所坚持的正义。在苏格拉底看来，以恶报恶并不是最好的解决方式，纵然他被判死刑是不公正的，但如果他出逃便违反了法律，这也是一种不正义的行为。如果人人不遵守法律，城邦又该变成什么模样呢？

毫无保留地遵循正义，用自身的行动来捍卫真理，便是苏格拉底所坚持的东西。活着就要活得好，死要死得有价值。苏格拉底用最终的正义与善，很好地诠释了他的信仰。

有的人像钟摆一样生活着，起床睡觉，上班下班，生儿育女，一切都按着既定的生活方式，生活平淡无味却也安稳；有的人什么都要比他人优秀一点，因此也需要更努力，早起学习，晚睡加班，不断深造，生命像个旋转不停的陀螺，生活充满激情却也身心疲累；有的人喜欢四处漂泊，用脚去丈量自己的人生，与名山大川和花草树木为伴，过着一种闲云野鹤的浪漫主义生活……人们也许没有按照自己喜欢的方式生活，却都以一种自己最能驾驭的生活方式活着。

生活不易，尽管外界因素总是左右着我们的生活，但我们的内心世界却可以自我主宰。人生是自己的，无可替代，世界上既然都没有两片相同的树叶，又怎么要求所有的树叶都迎接同样的阳光？属于自己的，就是指在别人看来不值一提的小事，对你而言却是非常重要的；对别人来说不可思议的爱好，却是最能带给你快乐的；人人都追寻汽车洋房，你却钻研琴棋书画。

有一次，柏拉图问苏格拉底："什么是幸福?"

苏格拉底说："我请你穿越这片田野，去摘一朵最美丽的花，但是有个规则，你不能走回头路，而且你只能摘一次。"

于是，柏拉图去做了。许久之后，他捧着一朵比较美丽的花回来了。

苏格拉底问他："这就是最美丽的花了?"

柏拉图说道："当我穿越田野的时候，我看到了这朵美丽的花，我就摘下了它，并认定它是最美丽的，而且，当我后来又看见很多很美丽的花的时候，我依然坚持着我这朵最美的信念而不再动摇。所以我把最美丽的花摘来了。"

这时，苏格拉底意味深长地说："这，就是幸福。"

是的，这就是幸福，这就是生活。柏拉图说，人生最遗憾的，莫过于轻易地放弃了不该放弃的，固执地坚持了不该坚持的。

不过，这些全都是属于自己的、别人抢不走的人生。是每个人在用自己的方式去生活，如此才不会有遗憾。

2013 年英国桑德兰的那次"北方马拉松赛"，只有一名运动员跑完全程，因为第二名和第一名运动员相隔较远，第二名跑错路，后面的5000多名运动员便全跟着跑错了。一路追着别人奔跑，如果不出差错或许可以跑完全程，但也很容易跟错路，而且，当随波逐流成为一种习惯，人们就很难再走出自己的路来。

不用总是追随他人的步伐，也不用羡慕他人的人生，世俗标准下的人生有意义还是无意义并不适合于每个人，那只是个大众标准产生的共性，而不是个性。我们可以按照自己的方式活着，因为我思故我在。

愚公移山，人们除了敬仰他的坚强与毅力，也会取笑他的固执与不自量力；农民日出而作日落而息，很多人会无法承受那样单调又辛苦的生活，可正是他们坚守着那片土地，才能用自己的力量养育着他人，或许连他们都不曾留意自己的伟大；可可西里有一些人，常年生活在荒凉的无人区，整日与孤独为伴，没有经济来源，却坚持守护着藏羚羊，同样很少有人理解他们为什么要那么做。

平凡人有平凡人的伟大。我们很多人终其一生也进不了福布斯的排名，可我们却很好地养活了自己和家人，活出了自己的价值；我们也许无法像镜头前的明星那样光彩夺目，可我们都有各自的美，也一定会有人欣赏我们的美；我们把出生、性别、外貌、不公平、冷漠等限制因素狠狠地踩在脚下，骄傲又隐忍地活着；我们没法环游世界，却可以在心中拥有整个世界。

就像苏格拉底说的“我从不从任何朋友那里随便接受建议，除非是经过思考表明它是理性的最佳办法”一样，我们同样需要一些人生的主见，不做人云亦云的随波逐流之辈。哪怕是自己有着独特的服装品位，读着一个冷门的专业，心中有着不同于常人的信仰，爱唱孤僻的歌，这统统都没有关系。尽管世界有时会不尽如人意，社会有时会排斥个性而追求共性，我们依然要活出自己的特色。

世界上最美的百花齐放，便是一个个鲜活的个体绽放着各自的美丽，人生最难得的，不是遇见他人，而是遇见最好的自己。我们可以选择千篇一律，那或许是一种安全的生存方式，但我们更可以让生命多一些色彩，多一些属于自己的标签。勇敢追随自己的内心，用属于自己的生活方式，努力地活着，我们可以活得很好。

## 造就健康的身体与健康的灵魂

柏拉图说：没有什么比健康更快乐的了，虽然他们在生病之前并不曾觉得那是最大的快乐。

人们总是在生病之后才明白拥有一个健康的身体是多么的重要，这时的人们因为承受不起病痛带来的可怕后果而真正意识到原来健康也可以像金钱一样被消耗。在这之前，人们总误以为身体的资源是取之不尽的。当身体健康时，人们会置身其中随意挥霍，并不觉得健康有什么特别，而在生病后，财富与虚荣便再也不能与健康比拟，健康成了唯一的希望。

人们也总是喜欢在犯错之后才知道悔不当初，这时的人们因为承受不起犯错带来的影响而心里脆弱，才意识到自己的行为会给周围的人带来麻烦。在这之前，这些犯错的人总误以为自身的行为并不需要承担后果，或是要负什么责任。当众判亲离，或是深陷囹圄后，人们才知道那些平凡的日子才是最好的日子，自由才是最大的希望。

无论是身体上生病的还是灵魂上生病的，有的人总能以此为戒，在重获新生之后珍惜来之不易的身体或幸福，有的人却从来没有真正接受教训，好了伤疤忘了痛，直至让情况更加糟糕。所以无论是身体还是心灵，我们都需要注重健康，两者都不容忽视，并且相辅相成。

培根说："健康的身体是灵魂的客厅，病弱的身体是灵魂的监狱。"

世界卫生组织曾发表过一篇题为《精神卫生：新观念，新希望》的卫生报告：目前全世界约有 4.5 亿各类精神和脑部疾病患者，每 4 个人中就有 1 个人在其一生中的某个时段产生过某种精神障碍。精神卫生已经成为一个突出的社会问题。精神障碍问题往往被低估，三分之二的精神障碍患者从不进行治疗，而社会的歧视以及治疗手段的不足又阻碍这些患者获得有效的治疗。

以时下越来越多的抑郁症为例。大众总误以为抑郁症是心理疾病，但从其产生的原因、发病症状和治疗方法来看，它不仅仅是心理上的疾病，还是身体上的疾病。患抑郁症的人并不只是因为生活压力大、受应激性事件太多刺激、内心封闭等原因，也有遗传、神经内分泌、身体不健康等方面的原因。抑郁症不仅表现在情绪低落、失眠、对诸事提不起兴趣、悲观厌世等方面，还会伴随身体方面的诸多不适，比如反应迟钝、行动缓慢、甚至厌食和不语。在抑郁症里，身体和精神不是单独起作用的，是相互影响的。

心理专家们认为，一个人的心理健康和身体健康紧密相连。社会的发展日新月异，人们生活在一个工业化的社会里，科技的进步和都市化进程越来越快，人们的生活节奏也越来越快。激烈的竞争，拥挤的交通，生存的压力，环境的污染，贫富的差距，造成很多人心理状态失衡，人们变得浮躁与激进。很多人一旦在生活中遭遇一些挫折，便愤怒、忧郁、焦虑、失眠，这种状况长期存在便很容易诱发神经系统失调，或引发精神疾病。

柏拉图一直强调灵魂的建设，因为肉体会饿、会渴、会寒冷、会有欲望、会生病，而这些都会干扰到灵魂的思考。所以让自己有一个健康的肉体便显得很重要，我们可以尽量将肉体对心灵的负面影响减到最低，这样健康的心灵才会将最好的反馈回报给肉体。

问题本身并不是问题，如何对待它才是最大的问题。

柏拉图灵魂至善的理念又一次为人们提供了心灵的方

向，人终究是要以善为本的，这是拥有一个良好心态的根本。善恶观念指引着人们的行为方式，也影响着一个人寿命的长短。这是美国密歇根大学调查研究中心对 2700 多人进行了 14 年跟踪调查后得出的结论，耶鲁大学和加州大学也共同对此问题跟踪调查了 7000 位市民，得出了近似的结论。

调查发现，一个乐于助人，和他人相处融洽的人预期寿命明显延长，在男性中尤其如此；相反，心怀恶意，损人利己和与他人相处不融洽的人，死亡率比正常人高出 1.5 倍。

心态决定着人的健康，健康又影响着人的心态。一个人生活在世界上，如果经常面对周围人对他的感激和温暖，身心总处于一种和谐的境地，就会感到越活越有意思，这也是健康的首要条件之一。

著名人口学家马寅初先生，一生坎坷，起起伏伏。可是他处世乐观，遇事从容。

马寅初把开大会对他大轰小嗡的批判当作洗热水澡，他镇静地说："我这个人每天洗冷水澡，不管多冷的天都不怕，现在天气并不冷，给我洗热水澡，我更不在乎了。"

他在91岁时患了直肠癌，医生都不敢对他动手术，他却平静从容地走上手术台。当平反通知送到他面前时，他已是百岁人瑞，最终于101岁时仙逝。

正是一生从容自若的心境，使他虽处逆境多难却能健康长寿。

人人都想要健康长寿，以此让自己的人生之路更长一些，走得更精彩一些。古代的皇帝为保自己的江山不落入他人之手，会病急乱投医，甚至尝试长生不老丸。其实，为求健康而殚精竭虑，反而不利于身体的健康。

古今中外健康长寿之人，往往是那些从容不迫、不怕冒险的人。他们大都是性格开朗，淡泊明志，拥有着良好的心理素质，能够不受外界压力干扰，顺其自然，心态平和。

民国著名书法家于右任先生饱经沧桑，却一生甘于淡泊，荣辱自安。常有友人问及他高寿的养生之道，他总是指指客厅墙上高悬的那幅字画，笑而不言。那是一幅写意的莲花图，旁边是一副对联：

上联：不思八九

下联：常想一二

横批：如意

人生不如意之事十之八九，倘若心为物役，患得患失，以物喜，以己悲，人们就只会被悲观、绝望的情绪窒息心智，人生的路途注定是如负重登山、举步维艰了。

常想一二，就是用心感恩，庆幸、珍惜人生那如意的十之一二，最终以那份豁达与坚韧去化解并超越苦难。

人们在追求自身价值实现的路上，一路狂奔，披荆斩棘，往往忽略了身心的健康，就像一个寓言故事里说的那样，只顾着往前赶路，身体都累了，灵魂也跟不上了。追逐名利，你追我赶，很多人都把一切承载在健康之上，无论是身体还是灵魂。

有两个人，一个是体弱的富翁，一个是健康的穷汉。两人相互羡慕着对方。富翁为了得到健康，乐意出让他的财富；穷汉为了成为富翁，随时愿意舍弃健康。

一位闻名世界的外科医生发现了人脑的交换方法。富翁赶紧提出要和穷汉交换脑袋。其结果是，富翁会变穷，但能得到健康的身体；穷汉会富有，但将病魔缠身。

手术成功了：穷汉成为富翁，富翁变成了穷汉。

但不久，成了穷汉的富翁由于有了强健的体魄，又有着成功的意识，渐渐地又积累起了财富。可同时，他总是担忧着自己的健康，一感到不舒服便大惊小怪。由于他总是那样担惊受怕，久而久之，他那极好的身体又回到原来多病的状态。或者说，他又回到了以前那种富有而体弱的状况中。

那么，另一位新富翁又怎么样呢？他总算有了钱，但身体孱弱。然而，他总是忘不了自己是个穷汉，有着失败的意识。他不想用换脑得来的钱相应地建立一种新生活，而不断地把钱浪费在无用的投资里，应了“老鼠不留隔夜食”这句老话。

钱不久便挥霍殆尽，他又变成原来的穷汉。然而，由于他无忧无虑，换脑时带来的疾病也不知不觉地消失了。他又像以前那样有了一副健康的身体。

最后，两人都回到了原来的模样。

这是一个智慧的小故事，我们无须追究它是否荒诞，因为几乎每个人都拥有着这样的心态，并且重复着他们的故事。得此失彼，得彼失此，得到与失去都一样会患得患失，没有从根源真正改善，得失之间总是反复。

现代社会里，很多人会在身体发出警告时，一时兴起去锻炼身体，重新注重起自己的健康问题，但很快便会恢复原状，反反复复；还有很多人，对爱惜身体的想法永远只是想法，不付诸行动，因此陷入一个前半生拿健康换钱，后半生用钱换健康的怪圈；还有一些人身体是健康的，但却习惯用非常手法去做事。原本是正常渠道就可以解决的事，总觉得用非常渠道才能行得通，原本是正面的情绪，却用负面的思维去理解。这也是关于心灵不健康的另外一种怪圈。

健康就像被漆得很漂亮的树，有时候你觉得它是很好的了，但内在或许已经开始腐朽；心灵上的健康就如不起眼的小面额硬币，它在一点点失去的时候，你没有察觉，但总有全部都失去的一天。

人要实现自身的价值或成就，身体与心灵的健康都缺一不可。我们不要等到失去健康的时候才知健康的可贵，不要等到将路途走偏的时候才知道悔恨。

拥有一个健康的身体和一个积极向上的健康心态，我们才能在面对挫折时更有力地回应。我们大多数人，不一定能取得多么非凡的成就和事业，却有能力让自己的人生有质有量，让人生之路充满精彩。

## 和谐之美：永远都比你想的更美

“和谐之美”是我们近些年听到的频率很高的词汇。和谐之美有多重要，相信很多人都深有体会。

美的本质就是和谐。柏拉图在《会饮篇》中说，最美的境界就是心灵的优美与身体的优美和谐一致。从柏拉图的宇宙观来看，和谐的对立面就是不统一、不和谐和无序混乱，它们就是丑恶。世界原本是那个样子，现在我们所处的和谐有序的世界是由神创造的，是神按照尽善尽美的目的创造之后才有的。

因此，和谐与真实存在的神，真实存在的善的理念、美的理念是一致的，又由于美与善的统一，所以和谐既是善的目的，又是美的本质。

在柏拉图的理念里，人们是很难看到美的本质的，这并不是一个简单的问题。如果人身处在一个杂乱无章的、不和谐的环境里更是难以看到美的真相，只有拥有智慧的哲学家才能看到美的本质。在现实生活中，人们所看到的美，都是经验性的、相对的、比较而言的美，这只是美的一些现象而已，并不是美的本质。因为看不到美，人们常常会痛苦和迷茫，会悲观和绝望。

美的现象只能带给人们感觉上的快乐，因为人们的审美不同，所以这样的美都是相对的，是容易改变的。同样的一件事物，有人认为美，也有人会认为不美。表象的美总是会因为不同的人、地域、国家、文化等因素而不同。比如红色，在中国被视为喜庆、吉利的颜色，在某些宗教里却是禁忌色。在西方文化里，红色寓意着欲望、罪恶、色情等含义。所以相对于美的表象，美的本质才是人们该认识、了解，并追求的。

如果世界是杂乱无序又不和谐的，就会处处充满战争、冲突、你死我亡；如果社会是不和谐的，就会有很多不道德的事件、错误的价值观、冷漠的情感和惶惶不可终日的人民；如果一个家庭是不和谐的，生活在其中的成员便不会拥有快乐，家庭便成了痛苦的牢笼。

人们需要有和谐的情感，柏拉图说，美的本质就是对善的理念的把握，这样才能做到真正的真善美。虽然美的本质并不容易发现，但并不是不可见。人们只有在心灵上相信美的存在，并通过理性去感知美，才能从悲观与痛苦中走出来，向着一个更加智慧、理性和快乐的方向走下去。

虽然弗洛伊德说过“每个人都是自恋的”，可“自恋”显然没法让人从心灵的根源上找到快乐与满足。自恋，很多时候是对自己内心不确定情绪的一种心理平衡，对信仰缺失的一种错误弥补。人的内心犹如未经神创造之前的那个世界，思绪万千，却杂乱无序，需要人不断地建设，才能认识到心灵的美。

柏拉图认为的美是一种理念，是诸多表象之美的事物所具有的共性，它属于不朽的物质。所以美的本质是不会变的，是永恒的，它由心而发，能使人们用善的理念去认识世界的美，发现自己的美。

有一次，芸芸和几个闺密去欧洲旅游。在罗马街头，他们看到有一些画家为人们作画，20 欧元一幅。朋友们都跃跃欲试，但芸芸既想尝试，却又下不了决心。因为芸芸很不自信，她自从生了小孩后，对自己的身材样貌便没有信心了，总觉得自己皮肤松弛，脸庞浮肿，身材又没有恢复好。她已经很长时间没有拍过照了。

“不要画了，”芸芸悄悄地对朋友说，“你看这些画家面前摆的素描，不是明星就是名人，我们的气质长相哪能和他们比？不画不画。”

在朋友开出“我请客”的诱惑条件下，芸芸还是不想画。

最后她终于半推半就地被朋友说服成功。芸芸坐在那里很是不自在，时不时地去弄弄刘海，摆摆角度，总怕自己画出来不好看。

画家是一位绅士模样的中年男人，他画工深厚，很快就画好了。画里的芸芸漂亮又传神，她清澈的大眼睛像是在诉说着故事，微微上弯的嘴角显得亲切迷人，头发自然地拢在脑后，几缕发丝随风而起。既好像大学时代的阳光模样，又增添了一些成熟的韵味。

芸芸也很满意，她捧着那幅画看了很久，然后疑惑地问画家：“你们是不是为了让客人满意，才故意把我们画得这么好啊？”

那个画家微笑着告诉她：“女士，你本来就很美，也许比自己想象的还要美，只是自己不曾发现。”

芸芸笑嘻嘻地付了钱，因为高兴，她说不用朋友请了。然后她又不好意思地说：“这些画家很会讨人欢心。”可她却是真的开心，曾经失落的自信在那一瞬间全部找回了。

朋友对她说：“这个画家说的话也是我一直想和你说的，你真的比你想象的更漂亮，更年轻，生活也比你想象的更好。你之所以天天纠结和徘徊，就是因为一切都还没有那么糟糕，是吗？我敢保证，再过五年，你依然会美丽，而且我相信，你肯定比现在还要更美。”

那幅画，芸芸当即就买了一个相框裱起来，从此挂在她办公室最显眼的位置。

芸芸说：“每天在办公室里待的时间最多，职场给我带来的压力也最大。所以我要把这幅画挂在那里，每当自己又被负面能量缠身的时候，看看它，提醒自己一切都没那么糟。”

美根植于内心，一样需要和谐与统一。人的内心在混乱无序的前提下很难达到心灵上的安宁与美丽，也会衍生出很多空虚和痛苦，人会越来越不自信。而美的东西却符合事物发展的规律性，人会向着真、善、美的事物不断前进，没有人会去崇拜假、恶、丑，这是美本身该拥有的方向。

人在追求表象之美的同时，不要放弃对精神之美的追求，思想、智慧、道德、自信，这些都是外在美存在的依据，只有真正的心灵之美，才是真、善、美的和谐，知、意、情的和统一。一个人只有拥有了高贵的品格、渊博的知识、至善的灵魂，才能更好地认识自己，才能树立正确的人生观。

美的本质是和谐的，它可以让不善的东西化为美，也可以让恶的向美的方向发展；美也可以创造，觉悟的一刹那在心灵上产生，一念成美，一念成丑，全看一刹那的心灵是否美丽。就如柏拉图所说的，美无始无终，不生不灭，不增不灭，我们不用担心美会消逝，而是要相信美的存在。恶中总有善，丑中总有美，痛苦中也有欢乐，即使在杂乱无章中，都有和谐的力量，一切都比想象的更好那么一点。

# 附　录



柏拉图传略

公元前 427 年柏拉图出生于雅典附近的伊齐那岛的一个贵族家庭里，本名亚里斯多克勒斯，在家中排行老四。柏拉图这个名字的由来有两种说法：一说是因为他强壮的身躯（古希腊语 Platus 一词是平坦、宽阔的意思），这是他的体育老师给起的外号；另一说是由于他流畅宽广的口才，或是因为他宽广的前额。

柏拉图从小受过良好的教育，对音乐、绘画、文学都有广泛的涉猎，并且很有天分。20 岁的时候师从大哲学家苏格拉底，继承并发展了苏格拉底的思想。在柏拉图的几部重要对话录中，苏格拉底都是其笔下的代言人，所以后世人们分析柏拉图的著作其实表达的是两个人的思想。

公元前 399 年，苏格拉底受审并被判死刑，一直打算从政的柏拉图改变了志向，放弃从政，转而专研哲学。柏拉图第一部著作就是《申辩篇》，描述了苏格拉底受审时的场景。有人认为《苏格拉底之死》、《斐多篇》等重要著作都是记录苏格拉底赴死前的对话录。

苏格拉底死后，雅典反对他的情绪达到最高点，柏拉图不得不到麦加拉避难，然后又逐渐流放到南意大利、西西里岛、埃及、居勒尼等地。在此期间他考察了各地的政治和宗教制度，同时开始研究数学、几何、天文、音乐等理论，并且接触各流派的哲学思想，而其中以毕达哥拉斯派对他影响最大。

公元前 387 年，柏拉图结束流亡生涯回到雅典，此时苏格拉底的事件已经过去 12 年。柏拉图在雅典城外一个叫阿卡德米的地方创立了自己的学校——阿卡德米学院。这就是著名的柏拉图学园，也是西方世界第一所传授知识、进行学术研究、培养政治人才及哲学家的综合性学校。

受毕达哥拉斯学派的影响，阿卡德米学院的课程设置包括算术、几何、天文学、音乐等，柏拉图在此培养出很多杰出的学生，其中最著名的就是亚里士多德。

柏拉图成功主持这个学院 20 年，直到公元前 367 年，柏拉图 60 岁时，他平静的生活又一次出现了风波。叙拉古国王狄俄尼索斯一世过世，其子继位。新国王没有经验难以胜任，于是就请他的舅父，也就是柏拉图的弟子迪昂前来辅政。狄俄尼索斯二世邀请柏拉图当自己的老师，学习治国之道。柏拉图欣然同意，他极力想推广自己的哲学理论，并且希望能将新国王培养成一个“哲学王”来治理城邦。这是柏拉图第二次尝试从政的经历。不久，因为一些人的挑拨，狄俄尼索斯二世和舅父产生了隔阂，并最终将其舅父放逐到了国外。柏拉图因为几次劝说国王与迪昂和好而惹怒新国王，之后被囚禁了一年多。

从此柏拉图下定决心放弃政治生活，回到雅典继续主持柏拉图学院，并且在此完成了他后期的重要著作。其中最有影响力的著作就是《理想国》，该书代表了他的理想社会观，虽然经历了政治生活的风风雨雨，柏拉图后来也意识到他的“理想国”存在着缺陷，与现实格格不入，于是又开始着手实施“第二理想国”即“法治国”。柏拉图从未放弃寻求真理，并且将真理之光带给了未来。

阿卡德米学院成了希腊乃至地中海世界最重要的思想库和人才库，一直存在了900多年，直到公元529年才被查士丁尼大帝关闭。以后西方各国的主要学术研究院都沿袭它的名称叫Academy。

柏拉图的作品是西方文化的奠基文献，在西方哲学的各个派别中，很难找到没有吸收过他著作的学派。在后世哲学家和基督教神学中，柏拉图的思想保持着巨大的辐射力。

公元前 347 年，柏拉图逝世。那年他 80 岁，在去参加一个婚礼宴会时，柏拉图平坐在屋子的一角，平静地死去。死后，人们将他葬在了他耗费大半生精力的柏拉图学院里。柏拉图晚年在雅典世界享有崇高的声誉，他当时在人们心目中的形象可用他的学生亚里士多德的悼词来佐证：“岿岿胜德，莫之能名。光风霁月，涵育贞明。有诵其文，有瞻其行。乐此盛世，善以缮生。”

柏拉图的一生见证了雅典的衰落、政治的暴动、城邦向帝国的转变，经历了两次政治理想的失败，恩师苏格拉底遇害、流亡他国等坎坷，但一直坚持真理与哲学的探讨，为人类留下了宝贵的精神财富，他的智慧和思想在人类文明史上闪耀着不朽的光芒。